Carola Otterstedt

Leben gestalten bis zuletzt

W0178872

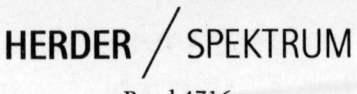

HERDER / SPEKTRUM

Band 4716

Das Buch

In Würde sterben heißt: menschlich leben bis zuletzt. Carola Otterstedt zeigt konkret, wie eine solche weitergehende Begleitung praktisch geht. Mit allen Sinnen die Welt erfahren, auch wenn der Radius der Wahrnehmung inzwischen eingeschränkt ist. Mit Achtsamkeit die Gefühle wahrnehmen und leben. Das Innenleben pflegen und sich auch auf diese Weise beteiligen und schließlich auch mit allen noch vorhandenen geistigen Fähigkeiten mitmachen und dabeisein. Es braucht Einfühlungsvermögen, Kreativität und Phantasie, um diese Einladung ins Leben – jeweils stimmig und richtig – zusammen mit dem Kranken zu gestalten. Gerade das Gespräch mit Sterbenden ist eine hohe Kunst, die Sensibilität und Einfühlungsbereitschaft braucht. Doch jeder kann es lernen und findet in diesem Buch die entsprechenden Anregungen und Hinweise. Ein wichtiges Buch, das kreative neue Impulse in die Sterbebegleitung bringt. Eine ebenso wertvolle wie praktische Hilfe für alle in der Sterbebegleitung Tätigen.

Die Autorin

Dr. Carola Otterstedt, geboren 1962 in Bremen, ist als freie Sterbe- und Trauerbegleiterin in München tätig. Sie hat einen Lehrauftrag für Wahrnehmungssensibilisierung, Abschieds- und Sterbebegleitung an einem Münchener Aus- und Fortbildungsinstitut für Pflegeberufe. Referentin und Beraterin für professionelle Sterbe- und Trauerbegleiter.

Carola Otterstedt

Leben gestalten
bis zuletzt

Kreative und einfühlsame Begleitung
sterbender Menschen

Herder

Freiburg · Basel · Wien

Gedruckt auf umweltfreundlichem,
chlorfrei gebleichtem Papier

Originalausgabe

Alle Rechte vorbehalten – Printed in Germany
© Verlag Herder Freiburg im Breisgau 1999
Satz: Rudolf Kempf, Emmendingen
Herstellung: Freiburger Graphische Betriebe 1999
Umschlaggestaltung: Joseph Pölzelbauer
Umschlagmotiv: Paul Klee, 1938, 344 Blume im Tal
© VG Bild-Kunst, Bonn 1999
ISBN 3-451-04716-0

Inhalt

Vorwort

Oft denken wir, daß das Leid inmitten unserer Familie unser Leben unerträglich zu machen droht. Der Betroffene und seine Familie leiden, und ihr Leid findet Ausdruck in körperlichen und seelischen Schmerzen, familiären und sozialen Veränderungen. Oft müssen wir erkennen, daß das Leid nicht immer veränderbar ist. Aber wir können versuchen, das Leid nicht als ein Übel zu sehen, vielmehr es als einen besonderen Teil unseres Lebens anzunehmen. Ein Leben, welches das Leid in seiner Mitte zulassen kann; ein Leben, welches getragen wird durch Gemeinschaft und Mitgefühl; welches nicht schmerzvolle und traurige Momente scheut; welches bewußt auch Freude, Fröhlichkeit und Lachen sucht und seine Neugierde bewahrt; so ein Leben kann Leid und Leiden nicht nur erträglich, sondern es vor allem auch wieder lebenswert machen.

Der Ihnen hier vorliegende Ratgeber zur Sterbebegleitung möchte sich speziell an Familien wenden, welche in ihrer Mitte einen Menschen in seiner letzten Lebensphase begleiten. Der Betroffene und seine Familie erleben eine intensive Zeit ihres gemeinsamen Lebens, gleich, ob es die alten Eltern sind, Vater oder Mutter einer jungen Familie oder ein schwerkrankes und sterbendes Kind. Der Ratgeber möchte die Familienangehörigen begleiten, sie anregen und ermutigen, neben aller Sorge und dem Leid der Familie diese besondere Phase ihres Lebens gemeinsam lebendig zu erleben und zu gestalten. Darüber hinaus wird dieser Ratgeber insbesondere auch professionelle Sterbebegleiter sowie Freunde der Betroffenen ansprechen, welche Sterbende und ihre Angehörigen daheim betreuen und begleiten.

Dieser Ratgeber möchte schöpferische Wege der Begleitung aufzeigen und setzt dabei insbesondere auf die Schwerpunkte der *sensiblen Wahrnehmung* und *Kommunikation* sowie auf eine *kreative Gestaltung* des Alltags. Als Leser werden Sie in diesem Buch eine Fülle von Anregungen finden:

- zur Betrachtung der persönlichen Situation,
- spielerische Übungen für eine sensible Kommunikation,
- Anregungen zur kreativen Gestaltung des Alltags,
- Informationen, wie und wo man Unterstützung in der Begleitung erhält.

Dieses Buch möchte ein *Begleiter für Begleiter* sein. Nehmen Sie sich ruhig einmal Zeit für sich, und beginnen Sie in diesem Ratgeber zu schmökern. Vielleicht fühlen Sie die Sympathie, die *Mit*Gemeinschaft jener, die wie Sie einen lieben Menschen daheim in seiner letzten Lebensphase begleiten. Vielleicht aber entdecken Sie für sich in diesem Buch auch die vielen Möglichkeiten zu Malen, zu Spielen oder zu Meditieren. Darüber hinaus können Sie viele Anregungen und Informationen in diesem Ratgeber finden. Suchen Sie die für Sie derzeit wichtigen heraus.

Speziell das Kapitel V stellt eine Vielzahl *kreativer Gestaltungmöglichkeiten* vor, welche eine Anregung sein möchten, wie Sie in Ihrer Familie den Alltag lebendig gestalten können. Ich hoffe, daß die hier vorgestellten Spiele und kleinen Unternehmungen Sie noch zu weiteren persönlichen Gestaltungsmöglichkeiten anregen werden. Wichtig bleibt aber nach wie vor: Der Betroffene muß sich frei genug fühlen zu sagen: „Danke, aber ich möchte heute nichts unternehmen." Versuchen wir, bei all unserer gemeinsamen *schöpferischen Kraft* unsere eigenen Grenzen und die des Betroffenen wahrzunehmen und zu akzeptieren.

Kreativ sein, schöpferisch sein, sind wichtige Elemente einer mitfühlenden Sterbebegleitung, genauso wie auch ganz still werden, in sich zur Ruhe kommen und einfach nur für den anderen da sein können. In diesem Buch stehen lebendige Aktivität und ruhende Anteilnahme für das Miteinander von Leben und Sterben. Als Begleiter bekommen wir die Möglichkeit geschenkt, an einem Leben und seiner letzten Phase teilzunehmen, und gleichzeitig durch unser eigenes Dasein ihm liebende Geborgenheit anzubieten. „Oh", werden Sie vielleicht jetzt sagen, „was für große Ansprüche werden da an mich als Begleiter gestellt! Was für eine Verantwortung werde ich tragen?" Haben Sie keine Sorge, lassen Sie sich von dem Alltag überzeugen. Jeder Tag hat weiter seine Ihnen bereits bekannten vielen kleinen und großen Nebensächlichkeiten und Anforderungen. Aber vielleicht werden Ihnen Ihre Verhaltensweisen beim Lesen dieses Buches bewußter, vielleicht möchten Sie auch einmal andere Wege ausprobieren.

Natürlich sind da auch die Stunden, in denen einem bewußt wird: „Bald werden wir voneinander Abschied nehmen müssen." Und ich denke, daß gerade in diesem Bewußtsein um den nahen Abschied unsere eigene Verantwortung liegt. Denn wenn jemand eine lange Reise tut, lenken wir noch einmal all unsere Gedanken auf ihn, sind bemüht, seine Reisevorbereitung zu unterstützen und im Guten auseinanderzugehen. Dies sind auch die Bemühungen eines Menschen, der einen anderen Menschen im Sterben begleiten darf.

Es ist für uns alle eine große Herausforderung, dem Sterben im Leben und dem Leben auch im Sterben begegnen zu dürfen. Das Leben eines Sterbenden im Kreise seiner Familie wird in Zukunft hoffentlich wieder selbstverständlicher Teil unserer Kultur und neben der Geburt einer der herausragenden und wertgeschätzten Übergänge unseres Lebens sein. Aber auch wenn der Sterbende die letzten Lebenstage in einer Klinik oder auf einer Pflegestation verbringt, möchte ich Sie als Familie motivieren, daß Sie ihm, wenn er es denn möchte, eine familiäre Geborgenheit bereiten mögen. Ich bin sicher, Sie werden für ihn und sich Ihre schöpferische Kraft neu entdecken.

I. Begleitung von Sterbenden daheim

Kein Mensch ist von einem Tag auf den anderen plötzlich *ein*
Sterbender. –. Es gibt viele Anzeichen, die dem Betroffenen,
seinen Angehörigen und den professionellen Begleitern bewußt werden lassen: *Es ist die letzte Lebensphase. Dieser*
Mensch wird sterben.

Wir orientieren uns an naturwissenschaftlichen Erkenntnissen, an medizinischen Befunden, vor allem aber auch an
unserer praktischen Erfahrung im Umgang mit Sterbenden.
Wie ist das Verhalten des Patienten, wie verändert sich seine
Seele, sein Geist und sein Körper? Es ist also in erster Linie der
Patient, der uns Begleitern zeigt, in welcher Phase des Lebens
und Sterbens er sich befindet.

Aber es ist mitunter auch das Verhalten der Mitmenschen,
welches dem Patienten und seinem sozialen Umfeld signalisiert: *Die anderen denken, ich werde sterben.* So berichten
Sterbende, daß Ärzte und Schwestern immer seltener in ihr
Zimmer kommen, die Visite der Ärzte viel kürzer als gewohnt
ausfällt. Es scheint kein Handlungsbedarf mehr zu geben, alles
scheint gesagt zu sein. Patienten werden unter Vorwänden aus
dem gewohnten Mehrbettzimmer genommen und in Einzel-
zimmern oder anderen Räumen untergebracht. Sterbende
besitzen eine ausgeprägte und sensible Wahrnehmung. Gerade
in Zeiten starker emotioneller und seelischer Anforderungen
orientieren sie sich gerne an der Regelmäßigkeit eines Alltags.
Entstehen Änderungen im Alltag und im Verhalten ihrer Mitmenschen und werden ihnen diese nicht erklärt, können die
Veränderungen Furcht und Sorge bereiten und den Sterbeprozeß zusätzlich belasten.

Menschen wollen nicht nur sterben. Menschen wollen erleben auch in der letzten Lebensphase. Stellen Sie sich bitte einmal vor, Sie würden morgen zur Arbeit gehen, und Ihnen würde mitgeteilt, Sie hätten Ihren Arbeitsplatz verloren. Sie würden nach Hause kommen, und Ihr Partner meint es gut mit Ihnen und sagt: „Nein danke, aber ich schaffe die Hausarbeit schon alleine." Sie gehen am Nachmittag in den Sportverein und hören, daß sie ausgewechselt wurden, weil sie beim letzten Spiel nicht ganz den gewohnten Einsatz bringen konnten. Mit dem Verlust von körperlichen Kräften und der Struktur des gewohnten Alltags sind wir auch aufgefordert, neue Wege in sozialen Beziehungen zu suchen.

Nur selten können Menschen mit schweren Erkrankungen ihren gewohnten Lebensstil beibehalten. Die Krankheit schwächt sie, oder die Behandlungen erfordern Zeit und Kraft. Aber viele der Menschen, welche an einer nicht heilbaren Krankheit leiden, sind lange Zeit noch körperlich mobil und geistig aufnahmebereit. Wenn wir ihnen aber nur ein Bett mit einem eingeschränkten Bewegungsraum, eine gutgemeinte Versorgung, aber keine Aufgaben- und Verantwortungsbereiche zusichern, dann nehmen wir den Betroffenen jede Möglichkeit, ihr Leben als sinnvoll und lebenswert zu empfinden.

Das Leben von Menschen ist immer ein soziales Leben, welches von *Geben* und *Nehmen* bestimmt ist. Nehme ich jemandem die Möglichkeit, auch zu geben, verliert er einen wichtigen Bereich, sein soziales Leben zu verwirklichen. Daher scheint es unumgänglich, Menschen in jeder Phase ihres Lebens eine Beschäftigung zu ermöglichen, in der sie, entsprechend ihrer Fähigkeiten und ihrer körperlichen Kondition, eine verantwortungsvolle Aufgabe übernehmen können.

Der veränderte Alltag

Zunächst scheint es leichter, die Integration eines Schwerkranken oder Sterbenden in einer häuslichen Umgebung des familiären Alltags zu verwirklichen als auf einer Klinik- oder

Pflegestation. Die Räumlichkeiten, das soziale Umfeld und der tägliche Ablauf sind dem Betroffenen vertraut.

Aber manchmal trügt dieser Eindruck auch. Wer es gewohnt ist, morgens aus dem Haus zu gehen, den Tag beruflich außerhalb zu verbringen und nur abends und am Wochenende kleinere häusliche Verpflichtungen zu verrichten, vor allem aber seine Freizeit zu genießen, wird sich schwer tun mit der Umstellung, nun unvermittelt den ganzen Tag daheim zu verbringen. Neben den seelischen und körperlichen Veränderungen durch die Erkrankung sind es auch diese äußerlichen und sozialen Veränderungen, mit denen der Betroffene umzugehen lernen muß.

Alleinstehende vermissen den regelmäßigen sozialen Kontakt, den sie aus ihrem Berufsleben gewöhnt sind. Plötzlich haben Sie Zeit, ihr eigenes und das soziale Leben in dem Wohnhaus sensibel zu registrieren und darauf zu reagieren.

Ambulante Pflegedienste übernehmen für sie Aufgaben, die sie nicht mehr selber leisten können. Der Betroffene sollte jedoch motiviert werden, nach Wunsch auch selbst kleine Tätigkeiten auszuüben. So kann er in Entscheidungen miteinbezogen werden, auch wenn es beispielsweise nur um die Farbe einer neuen Spülbürste für die Küche geht. Vielleicht mag der Betroffene auch mit zum Einkaufen gehen. Ein Rollstuhl ermöglicht es vielen Patienten noch lange, selbst aktiv zu entscheiden, welches Gemüse frisch genug ist oder welchen Fisch er gerne einmal wieder essen würde. Wenn im Rahmen der Pflegeversicherung die Pflege zeitlich so beschränkt ist, daß solcher Art Ausflüge nicht möglich sind, sollte der Betroffene und seine Betreuer sich nicht scheuen, beispielsweise bei Hospizgruppen oder Kirchengemeinden um ehrenamtliche Begleiter anzufragen. Die Hospizhelfer oder auch andere ehrenamtlichen Kranken- und Sterbebegleiter sehen ihre Aufgabe gerade darin, dem Betroffenen dieses Erleben und Mitentscheiden wieder zu ermöglichen.

Ist der Patient Mitglied einer Familie, so verändert seine ungewohnt ständige Anwesenheit auch das Leben der anderen Familienmitglieder. Hat der Betroffene bisher nur in Ausnahmefällen den Familienalltag unter der Woche kennengelernt, erlebt er ihn nun tagtäglich mit, und die anderen Familienmitglieder fühlen sich mitunter plötzlich beobachtet und in ihren Gestaltungsmöglichkeiten eingeschränkt.

Schwierig kann es auch werden, wenn eine Hausfrau und Mutter erkrankt. Die Betroffene, die bisher die täglich anfallenden Arbeiten in eigener Regie in der Hand hatte, wird nun durch ihre eigene Pflegebedürftigkeit zu einer unfreiwilligen Zurückhaltung gezwungen. Oft sieht sie dann, daß ihr Partner oder ihre Familie mit den umfangreichen Aufgaben überfordert sind.

Und auch kranke Kinder, die bereits alt genug sind, den Vormittag im Kindergarten oder in der Schule zu verbringen, werden nun durch ihre Krankheit gezwungen, zu Hause zu bleiben. Durch die Krankheit und den erneut engen Kontakt daheim verändert sich die Kind-Mutter-(Eltern)-Beziehung. Eine altersgemäße Spielweise und der soziale Kontakt zu anderen Kindern wird stark eingeschränkt.

In dieser Situation ist es zunächst nicht einfach, dem Betroffenen ein eigenes Aufgabenfeld zu überlassen. Für alle Mitglieder der Familie gilt es nun, neu die Rollen zu verteilen und auch wieder gemeinsame Lebensräume zu entdecken, ohne daß der einzelne ganz seine Rückzugsräume verliert.

Wenn räumliche Möglichkeiten es zulassen, wäre es gut, wenn jedes Familienmitglied einen eigenen Raum hätte, in den es sich jederzeit zurückziehen darf. Dieser Raum sollte respektiert werden. Ein schön gemaltes Schild, was immer dann hinausgehängt wird, wenn man mal allein sein möchte, ersetzt einen Schlüssel und zeigt gleichzeitig, das die Familienmitglieder ihre Grenzen gegenseitig tolerieren. Neben den Privaträumlichkeiten ist ein Gemeinschaftsraum besonders wichtig und kann in diesen Zeiten, wo die Familie sich noch einmal ganz neuen Aufgaben gegenübersieht, neu gestaltet werden. Es gilt, die Gemütlichkeit und Geborgenheit im eigenen Heim zu unterstützen und dem Betroffenen es möglichst einfach zu machen, auch mit seinen körperlichen Einschränkungen gut leben zu können. Vielleicht finden Sie einen bequemeren Sessel für ihn, oder mit Hilfe des Hausarztes wird ein Pflegebett bestellt und dieses schön in das Wohnzimmer integriert. Auch bei der Umgestaltung der familiären Räumlichkeiten lassen Sie den Betroffenen mitentscheiden: dem einen ist zu viel Trubel im Wohnzimmer, der andere mag gerne seine ganze Familie um sich haben.

Neben der räumlichen Aufteilung ist es auch günstig, eine gemeinsame Freizeitgestaltung zu beginnen:
- Welche gemeinsamen Aktivitäten gab es früher?
- Wo liegen die Interessen heute?
- Was macht allen Beteiligten Spaß?
- Gibt es eine Zeit, in der alle regelmäßig zusammentreffen?

Wenn mehrere Menschen zusammenleben, können immer auch Unstimmigkeiten auftreten. Dies wird unter sogenannten normalen Umständen als selbstverständlich hingenommen. Wenn in der Familie ein Sterbender lebt, ist es nötig, so früh wie möglich zu erkennen, wann Probleme im Zusammenleben auftauchen. Denn: Wenn man *den Sterbenden vor Gefühlen schützen* möchte oder *Probleme vor ihm geheimhalten*, riskieren alle einen Vertrauensverlust.

Wir Menschen reagieren sehr sensibel auf Stimmungen, bewußt oder unbewußt. Der Sterbende ist bereits durch seine besondere Lebenssituation sensibilisiert und nimmt in der Regel Spannungen sehr schnell wahr. Kommt es nicht zu einer gemeinsamen Aussprache, entsteht Mißtrauen, und das gemeinsame Zusammenleben wird erschwert.

Ermunterung zur Übernahme von Aufgaben und Verantwortung scheint für das Selbst*bewußtsein* jedes Menschen notwendig. Wie aber finde ich heraus, ob ein Patient wünscht, Aufgaben und Verantwortung zu übernehmen? Der beste Weg scheint, ihn ganz einfach zu fragen. Je selbstverständlicher wir mit kranken und sterbenden Menschen umgehen, um so mehr fühlen sie sich von uns respektiert, angenommen und im Alltag integriert.

Bevor wir als Begleiter einen Betroffenen fragen, sollten wir uns bewußt machen, daß wir vielleicht auch eine Absage bekommen könnten. Erst wenn uns klar ist, daß diese Absage nicht persönlich gemeint sein muß, können wir sie auch gelassen annehmen.

Wir können versuchen, dem Betroffenen zu vermitteln, daß wir uns freuen, wenn er die Aufgabe übernimmt. Sieht er sich aber überfordert, dann bestätigen wir ihm, daß wir dies verstehen und akzeptieren können.

Wenn der Begleiter das Gefühl hat, daß der Betroffene das Angebot ablehnen möchte, ist es ratsam, zunächst einmal beiden Seiten Zeit zu geben. Der Begleiter kann versuchen, sein Verhalten zu reflektieren.

- Waren die Fragen vielleicht zu fordernd?
- Wo fühle ich mich als Begleiter selbst überfordert, und wie könnte ich möglicherweise Hilfe von jemandem annehmen?
- Schätze ich die Kräfte des Betroffenen richtig ein?
- Kann ich seine zunehmende Konditionsschwäche akzeptieren?
- Wie zeige ich ihm, daß ich sowohl seine Schwäche als auch seine Stärken wahrnehme?

Suchen Sie nach einer Weile wieder das Gespräch mit dem Betroffenen.

- Vielleicht mögen Sie ihm eine schöne Blume mitbringen
- oder mit ihm eine Kerze anzünden.
- Zeigen Sie dem Betroffenen, wie wichtig er Ihnen ist,
- wie wichtig dieses Gespräch auch für Sie ist.
- Fragen Sie den Betroffenen nach seinen Bedürfnissen:
- Wie wünscht er sich den Tagesablauf?
- Gibt es etwas, was er gerne unternehmen möchte?
- Gibt es Aufgaben, die er gerne übernehmen würde?

Versuchen Sie, ein ruhiges Gespräch zu führen, in dem Sie gemeinsam nach Möglichkeiten der Realisierung seiner Bedürfnisse suchen. Dort, wo Grenzen auftauchen, erklären Sie die Gründe und bitten um Verständnis.

In welcher Lebensphase auch immer, nicht endenwollende Diskussionen sind sicher nicht erstrebenswert. Mitunter kann es hilfreich sein, wenn bei einem klärenden Gespräch eine Person des gemeinsamen Vertrauens als Mittler hinzugezogen wird. Dies kann beispielsweise auch ein Seelsorger oder ein einfühlsamer Mitmensch sein, der bisher noch keinen engen Kontakt zu beiden Partnern hatte. Manchmal scheint es uns einfacher, über zwischenmenschliche Probleme zu sprechen, wenn uns mit dem Berater keine gemeinsame Vorgeschichte verbindet, wir keinerlei Verpflichtungen spüren. Allerdings sollten wir uns zuvor versichern, daß die beratende Person das Gespräch vertraulich behandeln wird.

Lebensqualität durch schmerzlindernde Medizin

„Er war ganz tapfer und hat die großen Schmerzen klaglos ertragen." Körperliche Schmerzen ertragen, um so die Möglichkeit einer letzten Reifung zu erlangen? Hat sich in diesem traditionellen Glauben vieler Ärzte und Patienten mitunter ein *Kult des Leidens* entwickelt? Wer meint, daß, weil Christus leidend sterben mußte, dadurch im christlichen Glauben das Leiden begründet sei, hat womöglich ein verzerrtes Bild vom Christentum. In einer vom christlichen Glauben geprägten Kultur müssen Schmerzen und Leiden nicht klaglos ertragen werden, denn gerade durch den Glauben an Jesus, der für uns litt, wurde uns ja die Hoffnung auf Erlösung von dem Leiden gegeben. Wir dürfen über Schmerzen klagen, und wir dürfen auf Hilfe hoffen, im spirituellen wie auch im praktischen Sinn. Das Gesetz, vor allem aber die medizinische Ethik, fordert die Ärzte zu einer ausreichenden Schmerztherapie auf und sagt ganz deutlich: *Die Verweigerung der Schmerztherapie ist Körperverletzung.*

Wer Schmerzen hat, möchte fliehen, möchte am liebsten aus seiner *Haut fahren.* Wem nicht geholfen wird, möchte oft lieber selber sein Leben frühzeitig beenden, als die starken Schmerzen weiter aushalten zu müssen. Die Schmerztherapie soll verhindern, daß auf Grund zu großer Schmerzen und dem dadurch verursachten Leiden das Sterben zur Last wird.

Die schmerzlindernde Medizin (*Palliativmedizin*) kuriert nicht die Ursache des Schmerzes, möchte aber helfen, Leiden zu lindern, um damit die Voraussetzungen für eine höhere Lebensqualität zu schaffen. Die *Palliativ*medizin (griech. *pallium*) versucht, schmerzlindernde Medikamente wie einen schützenden Mantel um das Schmerzzentrum zu legen. Schmerztherapie, beispielsweise durch eine freizügige Verabreichung von ausreichend wirksamen Schmerzmitteln, kann helfen, die letzte Lebensphase schmerzfrei und bewußtseinsklar zu verbringen. Etwa 90 Prozent der behandelten Tumorpatienten können durch eine orale Medikamentengabe schmerz*reduziert* werden. Einige von ihnen erleben sogar eine Schmerz*freiheit*. Durch eine erfolgreiche Schmerztherapie kann der Betroffene seinen Alltag wieder gestalten, aber auch Ängsten bezüglich des Sterbens begegnen und den Abschied von Angehörigen und Freunden bewußt erleben.

Die Aufmerksamkeit der Schmerztherapeuten gilt neben den Schmerzen auch Symptomen wie Schlaflosigkeit, Atemnot, Husten, Wassereinlagerungen, Übelkeit, Erbrechen und Verstopfung. Eine umfassende Behandlung der Schmerzen umfaßt neben der Berücksichtigung von körperlichen Symptomen auch seelische und soziale Faktoren. Ängste, Traurigkeit, depressive Stimmungen und soziale Einsamkeit können den körperlichen Schmerz verstärken und werden somit gleichberechtigt in die Behandlung miteinbezogen.

Schmerztherapeutische Behandlung kann erfolgreich sein, wenn

- eine vertrauensvolle Beziehung zwischen Arzt und Patient besteht;
- die Einnahme der Medikamente nach Vereinbarung erfolgt;
- die Medikamenten rechtzeitig genommen werden, bevor der schmerzstillende Effekt der letzten Dosis vergangen ist. Nur so ist es möglich einen sog. *Medikamentenspiegel* auf-

recht zu erhalten, der ein schmerzfreies Erleben des Alltags und damit eine höhere Lebensqualität ermöglicht;

- eine individuelle Dosierung flexibel den tatsächlichen Schmerzgrad berücksichtigt;
- Nebenwirkungen vorbeugend behandelt werden. Einige schmerzstillende Medikamente können z. B. Übelkeit oder Verstopfung verursachen. Vorbeugend können dann Abführmittel bzw. Medikamente gegen Übelkeit helfen. Auch Cortison ist ein weiteres Begleitmedikament, denn es kann durch seine appetitsteigernde Wirkung zum Wohlbefinden beisteuern.

Ein wichtiger Faktor der Schmerztherapie sind die Opiate wie z. B. das Morphium. Im Rahmen gesellschaftlicher Entwicklungen und des kulturellen Umgangs mit Morphium als Ersatzdroge kam der Wirkstoff leider zu unrecht in die Kritik. Wie jede Droge, ob Nikotin, Alkohol o. a., sind diese Wirkstoffe keine Mittel, welche mißbraucht werden sollten. Morphium erweist sich seit Jahren als sicheres, vielseitiges und vor allem für viele Patienten als zuverlässiges Schmerzmittel. Für Schmerzpatienten besteht keine Suchtgefahr. Ein Schmerzpatient ist zwar abhängig von diesem Medikament, da er ohne das Medikament starke Schmerzen erleiden müßte, jedoch wird er keine psychogene Abhängigkeit erleben.

Neben Morphium könnte eine andere wohlbekannte Heilpflanze für Schmerzpatienten von großem Nutzen sein. Aber auch beim Hanf haben sich gesellschaftliche Vorurteile vor den dringlichen Nutzen als Therapeutikum gestellt. Aus einigen Hanfpflanzen kann man wirkstoffreiche Cannabinoide gewinnen. Ähnlich wie Morphium besitzen Cannabinoide einen hohen therapeutischen Wert. Die Nebenwirkungen der Chemotherapien oder vieler Schmerzmedikamente wie Übelkeit und Erbrechen werden in England und Amerika bereits erfolgreich mit einem standardisierten Cannabinoid-Medikament behandelt. Schmerzhafte Spastiken, v. a. der von neurologischen Erkrankungen betroffenen Patienten, können durch die spasmuslösende Wirkung von Cannabinoiden behandelt werden. Die Fachtagung *Cannabis und Cannabinoide als Medizin* (Köln, November 1997) hat gezeigt, daß nun auch in Deutschland die Hanfpflanze als Medikament zunehmend wiederentdeckt wird. (s. *Grotenhermen/Hupperts*)

Neben schmerzlindernder Medizin werden auch Strahlentherapie oder kleine Operationen in der Schmerztherapie erfolgreich eingesetzt.

Schmerzempfinden ist ein komplexes Erleben der körperlichen, geistigen und seelischen Kräfte. Der Patient spürt nicht nur seine körperlichen Schmerzen und sein seelisches Leiden, er erfährt auch seinen körperlichen, mitunter auch geistigen und seelischen Verfall. Die Schmerztherapie ist eine fachübergreifende Therapie und erfordert eine einfühlsame Begleitung des Patienten und seiner Angehörigen, die in der Regel oft gut in die Therapie mit eingebunden werden können. Dieser Aufgabe verschreiben sich insbesondere die Palliativstationen, stationären und ambulanten Hospizvereine.

Schmerzmittel, v.a. Opiate und cannabinoidehaltige Medikamente, müssen durch einen Arzt verschrieben werden. Nach wie vor gibt es nur wenige erfahrene Schmerztherapeuten in Deutschland. Betroffene können sich aber beispielsweise bei Kliniken oder auch Hospiz-Vereinen beraten lassen, wo in ihrer Nähe ein Schmerztherapeut praktiziert. Schön wäre es natürlich, wenn Hausarzt und Schmerztherapeut kooperieren und gemeinsam den Patienten begleiten können.

Hospiz – *Alternativen in der stationären und ambulanten Pflege*

1967 gründete die englische Krankenschwester, Sozialarbeiterin und Ärztin Cicely Saunders in einem Londoner Vorort das erste moderne Hospiz. Das St.Christopher's Hospice in Sydenham bot in den 60er Jahren vor allem den Krebskranken, aber auch anderen Sterbenden, die Möglichkeit einer differenzierten Schmerztherapie und einen wieder neu zu entdeckenden Umgang mit schwerkranken und sterbenden Menschen. Der

Begriff *Hospiz* stammt aus dem Mittelalter und steht für das Wort *Herberge*. In diesem Sinne möchten die zahlreichen stationären und ambulanten Hospize den Sterbenden in ihrer letzten Lebensphase eine Herberge bieten, in der sie *bis zuletzt leben* können.

Leben bis zuletzt ist auch das Motto der inzwischen internationalen Hospizbewegung. Hospize in der ganzen Welt versuchen, die Sterbenden und ihre Angehörigen so zu unterstützen, daß es ihnen möglich wird, auch die letzte Lebensphase lebenswert und mit einer optimalen Lebensqualität zu erfahren.

Wir haben es gerade der guten Informationsarbeit und der praxisbezogenen Hilfsangebote vieler Hospizvereine auch in Deutschland zu verdanken, daß Themen wie *Sterben und Tod* sowie *Sterbebegleitung* wieder in der Gesellschaft wahrgenommen und diskutiert werden. 1996 gab es in Deutschland 30 stationäre Hospize, 6 Tageshospize, 268 ambulante Hospize und 183 Hospizinitiativen (Quelle: *Hospizführer* 1997).

Die Hospize versuchen, Betroffene und ihre Familien nicht nur in der letzten Phase des Sterbens hilfreich zu begleiten. Hospize möchten durch ihre Dienste frühzeitig dem Betroffenen ermöglichen, daß er seinen ganz persönlichen Weg des Lebens und Sterbens gehen kann. Daß er vielleicht auch für sich entdecken kann, daß das Leben mit einem unheilbaren Leiden trotz allem lebenswert sein kann. Auf lebensverlängernde Maßnahmen wird verzichtet, aber eine Erleichterung des körperlichen Leidens wird durch eine umfassende Schmerztherapie angestrebt. Eine aktive Sterbehilfe wird von den Hospizvereinen nicht unterstützt, da die Erfahrung zeigt, daß Sterbende, die eine wirkungsvolle Schmerztherapie erhalten, nicht von sich aus nach dem Tod verlangen, wenn gleichzeitig auch eine optimale pflegerische und seelsorgerische Begleitung vorhanden ist.

In der sogenannten *Bezugspflege*, die die Hospizvereine anbieten, entwickelt sich eine Beziehung zwischen dem Betroffenen, seinen Angehörigen und dem speziell ihn betreuenden Hospizmitarbeiter. Grundlage für diese Arbeit ist, daß nicht der Hospizhelfer, der Pfleger, Arzt oder Seelsorger den Alltag des Betroffenen bestimmt. Vielmehr werden die begleitenden Helfer vom Betroffenen selbst angeleitet, denn in dieser wichtigen Phase seines Lebens geht es primär um seine persönlichen Bedürfnisse.

Die *Hospiz*-Bewegung unterstützt ein würdevolles Sterben als Respekt vor dem gelebten Leben und dem natürlichen nächsten Schritt: dem Sterben. Sterbende sollen nicht einfach still und leise verschwinden, vielmehr in ihrem Übergang begleitet werden.

Der Betroffene und seine Angehörigen sind gleichermaßen Adressaten der Begleitung durch die Hospizvereine. Die Begleitung erfolgt durch ein professionelles Team von Pflegern, Ärzten, Therapeuten, Psychologen und Seelsorgern sowie den einfühlsam auf ihre Tätigkeit vorbereiteten und ehrenamtlich arbeitenden Hospizhelfern. Aufgrund ihrer Persönlichkeit und ihrer Talente sind die Hospizhelfer flexibel einsatzbereit. Sie helfen Betroffenen und ihren Familien, in dem sie auch Ämtergänge, Einkaufswege oder kleinere Arbeiten im Haushalt übernehmen. Sie sind nicht eine günstige Haushaltskraft, vielmehr werden sie zum Vertrauten der Familie, der z. B. auch mal die Kinder betreut, wenn die Eltern Zeit für sich brauchen. Oft entwickelt sich durch regelmäßige Besuche eine vertrauensvolle Beziehung, die es dem Betroffenen und seiner Familie erleichtert, die Hilfe des Hospizhelfers gerne anzunehmen.

Der Dienst durch das Hospiz ist für den Patienten kostenfrei. Medizinische und pflegerische Betreuung werden von den Krankenkassen unterstützt. Angebote von Trauergruppen und Gedenkfeierlichkeiten für die Verstorbenen sind nur einige der Beispiele, wie Hospize den Hinterbliebenen eine Begleitung auch über den Tod des Betroffenen hinaus anbieten wollen. Die Hospizvereine kooperieren mit Kliniken, Hauspflegediensten und Sozialstationen.

Wie könnte denn nun so ein erster Kontakt zu einem Hospiz aussehen? Für die Mitarbeiter des Hospizteams ist es ganz selbstverständlich, wenn ein Betroffener oder sein Angehöriger sich zunächst einmal nur beraten lassen möchte. Die Hospizmitarbeiter versuchen, die Fragen der Interessenten zu beantworten oder ggf. für die Betroffenen weitere Informationen an anderer Stelle einzuholen. Wenn der Betroffene oder seine Angehörigen eine Begleitung durch das Hospizteam möchten, versuchen alle Beteiligten, im Gespräch herauszufinden, ob der Betroffene eine stationäre oder eine ambulante Begleitung bevorzugt. Es wird dem Betroffenen zugesichert, daß jede Entscheidung auch später noch entsprechend der gesundheitlichen Weiterentwicklung geändert werden kann. (s. *Albrecht; Orth; Schmidt*)

Der ambulante Hospizdienst

Nach wie vor gibt es in Deutschland zu wenig wirtschaftliche, praktische, seelische und gesellschaftliche Anerkennung der häuslichen Pflege. Die ambulanten Dienste der Hospizvereine versuchen, hier eine Unterstützung gerade diesen Familien anzubieten, die eine häusliche Pflege und Begleitung suchen.

Stellen wir uns einmal vor, daß ein Familienvater von den Klinikärzten erfährt, daß sie einen nicht weiter therapierbaren Krebs diagnostiziert haben. Die Ärzte bereiten diesen Patienten darauf vor, daß er nun in den nächsten Tagen nach Hause entlassen werden kann. Der Betroffene selbst ist in diesem Moment nicht nur durch die Diagnose emotionell stark belastet, gleichzeitig soll er für seinen durch die Erkrankung stark veränderten Alltag zu Hause Pläne entwickeln. Er ist begrenzt mobil, schwach und muß sich häufig hinlegen. Er kann sich nicht vorstellen, wie es zu Hause weitergehen soll. Er hat Angst vor den Schmerzen, die sich noch verstärken könnten. Wenn diese Familie ein Hospiz hinzuziehen mag, dann könnte der ambulante Dienst des Hospizes auf die für diese Familie spezifischen Fragen und Probleme eingehen und gemeinsam mit allen Familienmitgliedern herausfinden, welcher Weg speziell für sie geeignet wäre. Das Angebot des ambulanten Hospizes wird sich nach und nach der Entwicklung des Lebens und der Erkrankung des Betroffenen anpassen. Dabei stehen neben der Beratung zur wirtschaftlichen und sozialen Absicherung insbesondere die medizinische, schmerztherapeutische, pflegerische und seelsorgerische Betreuung im Vordergrund. Wie und in welchem Umfang die Begleitung durch das Hospiz gestaltet wird, bestimmt der Betroffene selber.

Das Stationäre Hospiz

Auch wenn ein Betroffener sich zunächst für den ambulanten Dienst entschieden hat, kann es bei Bedarf auch einmal zu einem Aufenthalt in einem stationären Hospiz kommen. Stationäre Hospize sind oft als Palliativstationen (Stationen für Schmerztherapie) räumlich mit Krankenhäusern verbunden. Wenn die Schmerzmedikamente ambulant nicht gut einzustellen sind, dann kann es mitunter vorteilhaft sein, daß der Betroffene für ein paar Tage auf die Palliativstation geht, wo eine kontinuierliche Überprüfung des Therapieerfolges möglich ist. Nach einer erfolgreichen Medikamenteneinstellung kann der Betroffene dann wieder nach Hause und wird weiter durch den ambulanten Dienst betreut. Auch während des stationären Aufenthaltes wird die Verbindung zwischen dem ambulanten Dienst und dem Betroffenen, beispielsweise durch den Hospizhelfer (Besuche, weitere Unterstützung der Familie zu Hause) aufrechterhalten.

Sowohl die Betroffenen selber als auch die Angehörigen oder der ambulante Dienst können ein stationäres Hospiz jederzeit um Hilfe bitten, wenn der Aufenthalt im eigenen Heim nicht mehr geeignet erscheint. Oft hilft der Hausarzt das Team im Hospiz fachlich zu informieren, und in der Regel kann der Betroffene innerhalb von ein paar Tagen ein Bett im stationären Hospiz erhalten. Jeder Betroffene wird von einer bestimmten Hospizschwester betreut. Die Bezugspflege ist ein wichtiges Element im Konzept des stationären Hospizes. Der Betroffene soll sich möglichst wenig auf wechselnde Pfleger einstellen müssen. Das Hospizteam bringt sich mit seiner Professionalität (medizinische, pflegerische und psychosoziale Begleitung) und auf Wunsch mit seinen individuellen Talenten (z.B. Musizieren, Massage, Meditation, spirituelle Begleitung) ein.

Den Angehörigen steht in der Regel nicht nur ein gemein-schaftlich genutzter wohnlicher Tagesraum zur Verfügung, sondern darüber hinaus auch Schlafmöglichkeiten, wenn sie einmal im Hospiz übernachten möchten. Eine stationseigene Küche für die Bedürfnisse der Betroffenen, der Angehörigen und des Hospizteams ist ebenso selbstverständlich wie ein Raum der Ruhe (Kapelle oder Meditationsraum) und ein Raum der Trauer und des Gedenkens an die bereits Verstorbenen.

Der Aufenthalt in einem stationären Hospiz wird über die Krankenkasse abgerechnet. Das große Angebot der Hospiz-dienste wird vor allem aber über die Spendengelder der Fördervereine der Hospizarbeit zu finanzieren versucht.

Kinderhospiz

Im Herbst 1998 ist die Eröffnung eines stationären Kinder-hospizes geplant (Adresse siehe Informationsteil). Das Kinder-hospiz in Olpe versteht sich als Hilfe für unheilbar kranke Kinder und deren Familien. Es möchte eine Ergänzung zu der häuslichen Betreuung sein. Betroffenen Kindern und ihren Fa-milien soll im Kinderhospiz für mehrere Wochen ein zweites Zuhause geboten werden, wo die Eltern und die Geschwister sich von den häuslichen Pflege- und Betreuungsaufgaben erholen können, gleichzeitig aber das kranke Kind betreut werden kann. Durch dieses Konzept möchte das Kinderhospiz verhindern, daß sterbende Kinder in Heimen untergebracht werden müssen, statt weiter mit ihrer Familie zusammenzu-leben. Den Familien werden wiederkehrende Kurzzeitaufent-halte im Kinderhospiz angeboten.

II. Leben, auch im Sterben, gestalten wollen

Schöpferisch tätig zu werden in allen Lebensphasen, kann Absicht und Motivation unseres Handelns werden. Seine eigene Kreativität und Gestaltungsmöglichkeiten zu entdecken, kann besonders auch in außergewöhnlichen Lebensmomenten helfen, den emotionellen wie auch praktischen Anforderungen zu begegnen.

Von Begegnungen und Abschieden

Am Anfang eines Abschieds steht immer eine Begegnung.
Haben Sie schon einmal probiert, sich von einem Menschen zu verabschieden, den sie zuvor noch gar nicht begrüßt haben? Ich meine jetzt nicht, daß Sie sich unbedingt zur Begrüßung die Hand gegeben haben oder ihm mit einem Grußwort begegnet sind. Wir begrüßen einander bereits, indem wir miteinander Augenkontakt aufnehmen. Dabei huschen ganz unwillkürlich unsere Augenbrauen kurz in die Höhe und der andere weiß, daß ich ihn wahrgenommen habe. Oft beginnen wir über irgendein mehr oder weniger belangloses Thema, wie beispielsweise das Wetter, zu plaudern. Wenn es draußen regnet, dann können wir ruhig sagen: „Jetzt regnet es schon wieder!" Und unser Gesprächspartner wird dies bestätigen. Es ist günstig, am Anfang thematische Aussagen zu wählen, die beide Gesprächspartner bestätigen können, denn so kann man nach und nach ein Vertrauen aufbauen und auch Themen ansprechen, wo man auch mal unterschiedlicher Meinung sein darf. Eine Begegnung ist also nicht einfach plötzlich da. Sie wird in der Regel sensibel aufgebaut, so wie man sich langsam, Schritt für Schritt nähert.

Wir können nur denjenigen verabschieden,
den wir willkommen geheißen haben.

Diese Phase der langsamen Vorbereitung hat Begrüßung und Abschied gemein. Denn würden wir uns unvermittelt von dem anderen abwenden und ihn verlassen, so würden wir Irritation, Mißverständnisse oder sogar Ablehnung provozieren. Auch ein Abschied wird sorgsam, wenn auch in der Regel unbewußt, vorbereitet. Man rückt mal langsam auf die Sesselkante vor, hat bereits des öfteren und für längere Zeit den Blickkontakt zum Gesprächspartner unterbrochen und vielleicht mit einem langen „Ja also, ..." den bevorstehenden Abschied angekündigt. In der Regel versuchen wir dann, den Abschied im Sinne so zu gestalten, wie die Begegnung verlaufen ist. Nachdem man beispielsweise gerade besonders persönliche Erfahrungen ausgetauscht hatte, wäre ein reserviertes Händeschütteln sicher irritierend. Die Herzlichkeit der Begegnung wird in der Form des Abschiedsgrußes wieder zum Ausdruck kommen. Auch äußern wir Interesse am weiteren Befinden des anderen: „Und ich wünsche Ihnen dann, daß Sie die nächste Nacht vielleicht besser schlafen können!" Und es ist uns oft ein Anliegen, auf ein mögliches nächstes Wiedersehen hinzuweisen: „Ich freue mich schon auf unser nächstes Wiedersehen!"

Jeder Abschied ist ein wertvoller Beitrag zu den vielen wertvollen Begegnungen mit diesem Menschen, der sterben wird. Auch der alltägliche Abschied an der Haustür ist ein Teil des Abschiedes von dem Menschen, der vielleicht unverhofft sterben wird. In diesem Bewußtsein werden uns Abschiede vielleicht bewußter und wertvoller, ohne daß wir nun jeden Abschied als *finalen Abschied* zelebrieren, was das Leben sehr belasten würde.

Von der Ohnmacht der Betroffenen und der Begleiter

Und dann gibt es da immer wieder Zeiten der Leere. Als Betroffener, als Angehöriger, wir können es nicht begreifen, daß wir nun ganz plötzlich selber davon betroffen sind: Krankheit, Sterben. Grad noch meinten wir, wir könnten damit umgehen. Andere haben ja auch die Krankheit. Und dann meinten die Ärzte, eine Therapie würde nicht mehr helfen. –

Dann haben wir uns ein Buch aus der Bücherei geholt, ein anderes von Freunden bekommen, einen Artikel in der Zeitschrift gelesen und einen Beitrag im Fernsehen gesehen. Und dann war plötzlich alles zu viel. Wehe, einer der Freunde gab einem einen noch so gut gemeinten Rat!

Da ist die Leere. Man sitzt im Sessel daheim, schaut in die Weite, durch Häuser, Bäume und Menschen hindurch und denkt nichts, fragt nichts, ist einfach leer. Das Essen schmeckt nicht mehr, und irgendwann läßt man es einfach sein. Was soll man noch beim Arzt? Auch er ist doch *ohne Macht*.

Ohne Hilfe, ohne Macht fühlen wir uns ohnmächtig. *Es* geschieht mit uns. Wir spüren nicht mehr den Boden unter unseren Füßen. Wir spüren nicht mehr das Vertrauen zu unserem Selbst.

Wenn wir in unserem Leben großen Anforderungen begegnen, spüren wir in uns nicht immer sofort die Kraft, diesem Neuen zu begegnen. Wir ziehen uns zurück und vergessen schnell, wo unsere eigentliche *Macht* steckt. Wir fühlen uns *ohnmächtig*. Dann sind es häufig andere Menschen, die uns ansprechen, unser Selbst mit aller Macht erneut fordern. Die Kinder beispielsweise überlassen ein trauerndes Elternteil nicht seiner Ohnmacht, denn der Haushalt muß erledigt werden. Der Arbeitsalltag oder auch ein Haustier fordern uns heraus.

Es ist wichtig, seinen Gefühlen der Ohnmacht und Leere begegnen zu können. Sie gehören zum Abschied und zur Trauer. Um aber immer wieder einen Weg aus den Zeiten der Ohnmacht zu finden, ist ein geregelter Alltag ein gutes Mittel. Stellen Sie sich den Wecker, und bleiben Sie nicht einfach jeden Tag bis mittags im Bett. Legen Sie die Jogginghose beiseite, und ziehen Sie sich auch Zuhause gute Kleidung an. Gehen Sie einmal am Tag in die Natur und machen einen kleinen Spaziergang. Es gibt Menschen, die uns in Zeiten der Ohnmacht begleiten können. Ein guter Begleiter versucht nicht, das Gefühl der Ohnmacht und der Leere wegzureden oder den Betroffenen auf *andere Gedanken* zu bringen. Jede Trauer braucht ihre Zeit. Und wenn wir nicht an ihr festhalten, dann wird auch die Trauer um den bevorstehenden oder um den bereits geschehenen Abschied sich verwandeln.

Wie der Betroffene, so kann auch der Sterbebegleiter selber Ohnmacht erleben. Wir fühlen uns ohnmächtig im Angesicht von großem körperlichem, seelischem oder sozialem Leid, das ein anderer Mensch erleben muß. Wir fühlen uns überfordert und *ohne Macht* zu helfen. In so einer Situation brauchen wir als Helfer Hilfe. Jeder Sterbebegleiter kann besonders gut dann begleiten, wenn auch er begleitet wird. Der Helfer braucht ebenso wie der Betroffene ein offenes Ohr, dem er seine Sorgen und seine Erlebnisse mitteilen kann. In Hospizvereinen und kirchlichen Gemeinden finden begleitende Angehörige Gesprächskreise.

Die Ohnmacht des Begleiters ist eng verbunden mit seinen Erwartungen, der Rolle als Helfer gerecht zu werden. Was ein *guter* Begleiter ist, wird auch bestimmt von der Persönlichkeit des Begleiters. Das persönliche Engagement und die innere Ruhe und Gelassenheit in der Begleitung bringt jeder einzelne auf seine ganz spezifische und individuelle Art und Weise mit. Die Auseinandersetzung mit seinem eigenen Leben und Tod ist eine wesentliche Vorbereitung für die Sterbebegleitung. Einen Menschen begleiten heißt, ihm vertrauensvoll folgen zu können, ohne dabei sich selber zu verlieren, gleichzeitig aber seine eigenen Erwartungen, Bedürfnisse und Wünsche zeitweise zurückstellen zu können.

Und trotz einer guten Vorbereitung zu einer Sterbebegleitung werden die Helfer immer wieder mit den Grenzen ihrer eigenen Möglichkeiten konfrontiert. In erster Linie lernt man seine eigenen körperlichen, seelischen, aber auch geistigen und spirituellen Grenzen kennen. Man wird gefordert, sich diesen und den daraus entstehenden Gefühlen zu stellen, sich Zeit für sie zu nehmen.

Wer begleitet, stellt sich auf den anderen ein und vernachlässigt häufig dabei seine eigenen Bedürfnisse. Gerade wenn eine Sterbebegleitung über längere Zeit dauert, muß der Sterbebegleiter immer wieder Zeiten finden, in denen nicht er, sondern ein anderer den Sterbenden begleitet. Diese *Auszeit* kann dann der Sterbebegleiter für sich, für die Erfüllung seiner Bedürfnisse nützen. Dies wird jedoch nicht immer zu realisieren sein, denn häufig sind diese Bedürfnisse gerade mit dem Leben des Sterbenden verbunden. Hier entsteht eine Ohnmacht für den Sterbebegleiter, die fürsorglich durch andere begleitet werden sollte. Auch und gerade als Sterbebegleiter sollten wir lernen, uns in Situationen der Ohnmacht anderen anzuvertrauen. Durch die Sympathie und das Mitgefühl anderer werden wir die Ohnmacht besser leben lernen.

Als Sterbebegleiter lernen wir aber auch noch eine andere Ohnmacht kennen. Wir empfinden Ohnmacht, wenn unser Rat und unsere Hilfe nicht *ankommen*. Wenn der Begleiter dasein möchte, aber nahe Angehörigen den Betroffenen *schützen* möchten, oder wenn ein naher Angehöriger erlebt, daß der Betroffene einen anderen Menschen ihm vorzieht, dann kann Ohnmacht entstehen.

Das Gefühl, versagt zu haben, ist eng verbunden mit dem Gefühl der Ohnmacht gegenüber unseren eigenen Vorstellungen und Erwartungen von und an unsere Arbeit als Begleiter. Eine gute Sterbebegleitung meint nicht notwendigerweise, daß ich den Betroffenen selber begleiten muß. Eine gute Beratung der Angehörigen und Freunde ist eine hilfreiche und damit gute Begleitung von Menschen, die vom Sterben eines ihnen nahen Menschen betroffen sind. Wenn wir aber merken, daß wir mit unserer Art und Weise die Menschen, welche wir beraten und begleiten wollen, nicht erreichen, beginnen wir die Chance unserer Fähigkeiten zu überprüfen. Und: Nicht immer sind wir für einen anderen der richtige Begleiter. Seien wir offen genug, auch einzusehen, wann wir die Begleitung lieber einem anderen Menschen anvertrauen sollten.

Gefühle des Lebensweges, des Abschieds und der Trauer

Gefühle sind ein wichtiges Ausdrucksmittel, welches wir nicht unterdrücken sollten, wollen wir von unserer Umwelt nicht mißverstanden werden. Ärgere ich mich über einen Mitmenschen, zeige dies aber nicht und entferne mich irgendwann, ohne daß dieser meine Handlung nachvollziehen kann, habe ich die Chance verpaßt, meine Gefühle als ein Ausdrucksmittel zu nutzen. Sicherlich geht es nicht darum, seinen Gefühlen in jeder Situation freien Lauf zu lassen, denn das Miteinander von Menschen kann nur dann gut gelebt werden, wenn man auch Rücksicht auf andere nimmt und nicht *mit der Tür ins Haus fällt*. Aber sich seiner eigenen Gefühle bewußt werden, ist sicher ein guter Schritt, diese Erfahrungen in der Begegnung mit anderen und dem Abschied von anderen einzusetzen.

Emotionen haben ein Gesicht. Gefühle scheinen vom Gesicht des Gegenübers ablesbar, vom Spiel seiner Mimik; seine Empfindungen scheinen erkennbar. Tonfall, Sprachmelodie, Körperhaltung, -orientierung und -bewegung sowie Blickbewegung geben Informationen über den Gemütszustand wieder (s.a. C.Otterstedt). Wir erkennen in der Regel, ob ein Mensch traurig ist, verärgert, erstaunt, verängstigt oder belustigt und freudig erregt.

Dies betrifft nicht nur den Patienten selber, sondern auch dessen näheren sozialen Umkreis. Eben all jene, die emotional durch die Krankheit und das Sterben eines ihnen nahen Menschen auch an ihre eigenen emotionalen Grenzen geführt werden.

Gefühlsäußerungen haben in der Regel immer einen Auslöser. Tränen fließen, wenn wir an einen Verlust denken. Wir lassen sie aber auch fließen, wenn jemand uns eine lustige Situation erzählt. In besonders emotionellen Zeiten wie der, in der ein uns naher Mensch stirbt, erleben wir aber auch unsere Gefühle, wie sie ganz unvermittelt, scheinbar ohne Bezug zu einer Ursache, aus uns herausbrechen. Oft haben wir dann das Gefühl, wir haben vielleicht unangemessen reagiert.

Jeder von uns hat ein ganz individuelles Tempo und eine eigene Art der Trauergestaltung. Menschen in ihrer letzten Lebensphase begleiten heißt, sich ganz auf ihre Art und ihr Tempo der Trauerarbeit einzulassen. Mit Trauern beginnen wir nicht erst, wenn die Trennung vollzogen ist. Wie auch bei einem alltäglichen Abschied, beginnen wir bei herausragenden Abschieden, uns bereits vor der tatsächlichen Trennung emotional und praktisch auf den Abschied vorzubereiten.

Der Betroffene kann verschiedene Phasen der inneren Akzeptanz seiner Krankheit und dem möglichen bevorstehenden Sterben durchlaufen. Die Sterbe- und Trauerforscherinnen Elisabeth Kübler-Ross und Verena Kast haben diese Phasen in ihren Modellen sehr ähnlich beschrieben.

nach Elisabeth Kübler-Ross	*nach Verena Kast*
1. Phase des Nicht-Wahrhaben-Wollens	1. Phase des Nicht-Wahrhaben-Wollens
2. Phase des Zorns	2. Phase der aufbrechenden Emotionen
3. Phase des Verhandelns	3. Phase des Suchens und Sich-Trennens
4. Phase der Depression	4. Phase des neuen Selbst- und Weltbezugs
5. Phase der Zustimmung	

Neben den hier aufgezeigten *Phasenmodellen der Trauerarbeit* haben andere Autoren ebenfalls versucht, die unterschiedlichen Schritte der Trauerarbeit in Modellen aufzuzeigen (s. a. *Ebert/Godzik*). Modelle wie diese können jedoch nicht das Wahrnehmen des Betroffenen und das Gespräch mit ihm ersetzen. Nur er wird uns als Sterbebegleiter Zeichen geben, wie er sich fühlt und welchen Weg er gerade zurücklegt.

Diese Phasen werden von dem Betroffenen nicht numerisch nacheinander durchlaufen, vielmehr, vor allem bedingt durch neue Krankheitsschübe, gibt es viele Schritte vor und zurück, wird mitunter wieder ganz von vorne begonnen, so daß der Weg eher einem verschlungenen Waldpfad ähnelt als einem geraden Highway. Aber wichtig: Kein Betroffener *muß* alle diese Phasen durchlaufen, um für sich gut und stimmig mit seiner Situation zu leben. Auch wird kein Betroffener äußern: „Mir geht es gerade nicht so gut, weil ich mich in der Phase des

Nicht-Wahrhaben-Wollens befinde." Stimmungswechsel in der Trauergestaltung spielen sich in der Regel unbewußt ab, äußern sich aber verschlüsselt in sprachlichen und körperlichen *Botschaften*. Diese *Botschaften* sind für uns als Sterbebegleiter insbesondere dann erlebbar, wenn wir uns ganz auf den Betroffenen einlassen können, ihn sowohl verbal wie auch nonverbal wahrzunehmen vermögen. Es ist nicht in erster Linie wichtig zu definieren: „Aha, jetzt ist er wohl gerade in der Phase des Suchens und Sich-Trennens!" Aber wenn wir eine Ahnung davon haben, welche emotionalen Anforderungen der Betroffene durchlebt, dann haben wir vielleicht mehr Verständnis für den einen oder anderen Gefühlsausbruch und beziehen nicht jede emotionale Regung auf uns selber.

Als Sterbebegleiter versucht man, sich nicht nur einfühlsam gegenüber den Gefühlen des Betroffenen zu verhalten, es ist auch wichtig, seine eigenen Gefühle sensibel wahrzunehmen. Wenn man einen Sterbenden in seiner Familie zu Hause begleitet, sind wir manchmal entsetzt über unsere eigenen Gefühlsausbrüche. Auf der einen Seite soll man beispielsweise für die schwerkranke und sterbende Mutter da sein, dann kommen die Kinder aus der Schule, wollen erzählen, essen und ihren Hobbies nachgehen, und am Abend soll dann noch das warme Essen für den Ehemann bereitstehen. Wo bleibt da die Zeit zu trauern über den bevorstehenden Abschied der eigenen Mutter? Es hat gekracht. Man hat die Tür zugeschlagen und geschrien, ob die Kinder denn nicht einmal allein die Hausaufgaben machen können. Man fühlt sich völlig erschöpft, die Verspannungen im Nacken wollen auch unter einer warmen Dusche nicht verschwinden. Wieder hat man sich einen blöden Schnupfen eingefangen und dann diese Niedergeschlagenheit, Reizbarkeit, Leere und Verzweiflung. Wahrscheinlich ist man gar nicht fähig, einen Haushalt und die Kinder richtig zu führen. Die Nachbarin war doch auch in so einer Situation, die hat das alles mit links gemacht, aber man selber ... Selbstzweifel kommen auf.

Die Zeit des Abschieds und des Sterbens ist keine normale Zeit des Lebens, für keinen der Betroffenen: die Kranken und

Sterbenden, die Angehörigen und die nahen Freunde und Bekannten. Eigentlich braucht man viel Zeit, in der man gemeinsam mit dem Sterbenden verbringt, aber auch viel Zeit für sich, damit die Zeit der Trauer bereits vor dem Abschied beginnen darf. Aber das Leben geht weiter, und das ist gut, denn Sterben und Trauer sind Teile des Lebens. Und doch ist es wichtig, Prioritäten zu setzen. Was ist jetzt wichtig für mich als Trauernder? Und wie bekomme ich Hilfe, damit der Alltag nicht vernachlässigt wird?

Es ist gut, Gefühle zeigen zu können, die auch mal sagen wollen: „Ich bin überlastet! Ich bin an meinen Grenzen angelangt und *ausgebrannt!*" Diese emotionalen Zeichen sollten wir ernst nehmen und rechtzeitig Hilfe von anderen annehmen, wie beispielsweise Paten, Verwandte, Freunde oder Hospizhelfer bitten, einmal die Kinder zu betreuen oder bei Einkäufen o. a. zu helfen.

Als professioneller Sterbebegleiter, der nicht familiär mit dem Betroffenen verbunden ist, haben wir viele ganz andere Möglichkeiten zu helfen. Wir können uns emotional öffnen und die Familie gerade da entlasten, wo sie besonders viel Freiraum für ihre eigene Trauergestaltung benötigt. Aber auch als professioneller Sterbebegleiter kommen wir manchmal an unsere emotionellen Grenzen. Es entwickelt sich beispielsweise eine tiefe Bindung zu dem Betroffenen, und wir empfinden eine große Trauer durch sein bevorstehendes Sterben. Ein anderes Beispiel: Als Sterbebegleiter erleben wir in unserem eigenen Familien- oder Freundeskreis, daß jemand stirbt. Auf der einen Seite sind wir in unserem eigenen Trauerprozeß ichbezogen mit unseren Gefühlen beschäftigt. Auf der anderen Seite versuchen wir, in der Sterbebegleitung unsere eigenen Bedürfnisse denen des Betroffenen hintenanzustellen. Dies ist ein emotioneller Zwiespalt. Wenn es irgendwie zu realisieren ist, zeigt der Sterbebegleiter professionelles Verhalten, wenn er einen Kollegen bittet, die Begleitung zu übernehmen. Er selber erhält somit die Zeit und Freiheit, seine Emotionen zu *er*leben.

Welche Gefühle trauen Sie sich zu leben?
Vielleicht mögen Sie die Gesichter zeichnen
und/oder mit einer für Sie mit dem Gefühl in Verbindung
stehenden Farbe ausmalen?

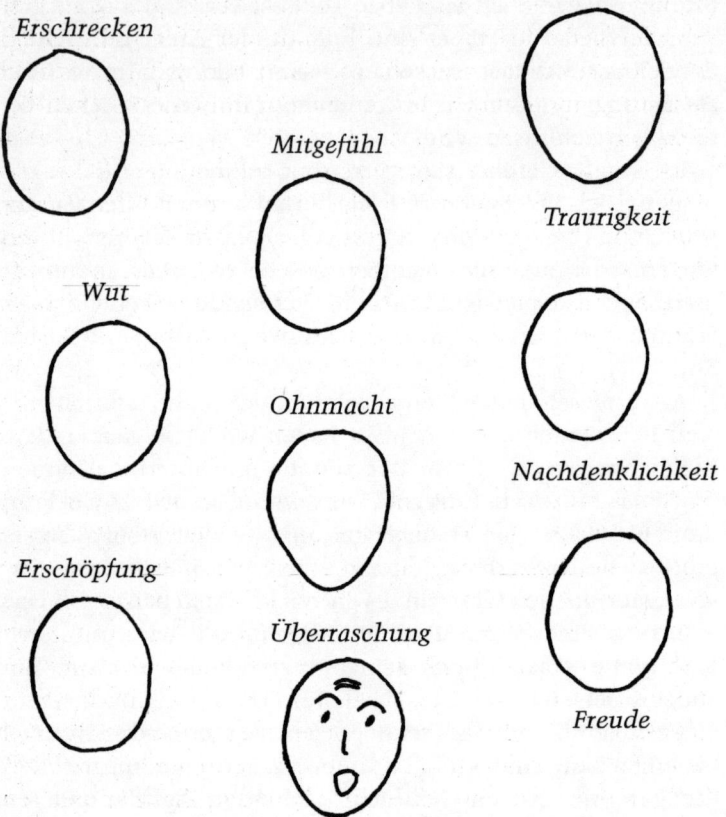

Erschrecken

Mitgefühl

Traurigkeit

Wut

Ohnmacht

Nachdenklichkeit

Erschöpfung

Überraschung

Freude

Der Atem, das Lachen und das Loslassen

Ihr ganzer Oberkörper hebt sich, ihre Schultern heben sich, und sie atmet tief ein, um im nächsten Moment mit einem seufzenden „Puuuhh!" den ganzen Atemstoß wieder von sich zu geben. Wenn uns etwas seelisch *drückt,* wir uns belastet fühlen und endlich eine Minute ganz für uns gefunden haben, dann erlauben wir uns dieses so erleichternde *Puuuhh*. Wir lassen mit dem Seufzer all unsere Muskeln erschlaffen, die Arme und die Mundwinkel hängen. Die kostbare Atemluft, die wir gerade noch eingesogen haben, lassen wir schon mit Freude wieder los. Der Atem kommt, der Atem geht. Durch Nase oder Mund lassen wir ihn sanft oder gehetzt, je nach Belastung, in uns einströmen. Und nur mit einer kleinen Verzögerung geben wir ihn wieder zurück. Wir hauchen an die kalten Fensterscheiben, wir pusten das Licht einer Kerze aus, oder wir lassen unseren warmen Atem in der kühlen Winterluft Kapriolen schlagen. Abgesehen aber von diesen wenigen bewußten Momenten im Leben, lassen wir die Luft wie selbstverständlich in unseren Körper hinein und hinaus, nehmen sie auf und geben sie wieder ab, lassen sie erneut los.

Atmen heißt sowohl annehmen,
als auch loslassen können.

Vielleicht haben Sie einmal Lust und suchen sich einen ruhigen Ort, legen sich bequem auf eine Wolldecke, ein Kissen unter dem Nacken und die Kopfhörer eines Walkmans über den Ohren. Lassen Sie sich von ruhiger angenehmer Musik oder einem Wellenrauschen (in Musikfachläden auf Kassette und CD erhältlich) entspannen. Trauen Sie sich ruhig, Ihre Augen zu schließen, und versuchen Sie sich auf die Musik oder das Wellenrauschen zu konzentrieren. Nach und nach versuchen Sie dann, den Weg ihres Atems zu verfolgen. Fließt die Luft über Ihre Nase oder Ihren Mund in Ihren Körper? Wo spüren Sie den Atem hinströmen? Hebt sich Ihr Oberkörper oder Ihr Bauch beim Einatmen? Spüren Sie auch, wie sich Ihre Seiten dehnen bei jedem Atemzug? Auf welchem Weg fließt der Atem aus Ihrem Körper wieder hinaus? Spüren Sie den warmen Atem auf Ihren Lippen, an Ihren Nasenflügeln? Versuchen Sie ruhig und gleichmäßig zu atmen. Wenn Sie sich wieder zum Sitzen erheben, richten Sie sich bitte langsam auf, damit Ihnen nicht schwindlig wird.

Der Fluß des Atems ist für uns Menschen ein Zeichen des Lebens: der erste Atemzug des Neugeborenen, der Übergang in das Leben hinein, und der letzte Atemzug eines Menschen, der den Übergang vom Leben, vom Sterben, in den Tod auch für uns Außenstehende erleben läßt. Manchmal verändert sich der Atem bereits vor dem eigentlichen Übergang. Der Sterbende bemerkt den schwächeren Fluß, oder er hat krankheitsbedingt Beschwerden, den Atmen zu kontrollieren. Der Atem ist auch der Lebensatem. Der rhythmische Wechsel oder die Unterbrechung des Atemflusses sind körpersprachliche Signale, die uns in der Sterbebegleitung Hinweise geben können, ob der Sterbende Schmerzen empfindet, sein allgemeiner Zustand sich verschlechtert, aber auch, ob er vielleicht unbequem liegt oder ängstigende Träume durchlebt. Atem bedeutet Hoffnung. Hoffnung auf eine weitere regelmäßige und beschwerdefreie Atmung oder auch Hoffnung auf einen ruhigen letzten Atemzug.

Mit jedem Atemzug stehen wir an der Schwelle
– zu einem guten Lachen!

Ein tiefer Atemzug ist die Vorbedingung zu einem offenen Lachen. Den Kopf zurückgelegt, den Bauch sich mit beiden Händen haltend und die Augen tränenreich zusammengekniffen. Das ist einer der wichtigsten Ausdrucksweisen einer guten Sterbebegleitung. Wie im Leben, so wäre es traurig, wenn in der letzten Lebensphase ein Tag ohne Lachen und Humor vergehen würde. Lachen kann man nicht auf Befehl, aber Humor kann man in sich entdecken. Und jeder Mensch trägt die besten humorigen Anekdoten mit sich, denn am besten läßt es sich immer noch über sich selber lachen. Wenn wir Kleinigkeiten im Alltag unsere Aufmerksamkeit schenken, dann entdecken wir auch die vielen kleinen Humoresken, die wir selber erleben und über die es sich so schön gemeinsam lachen läßt. „Möchtest du noch mal etwas Lustiges von mir hören....?" Diese Frage wird dann schnell zu einem Markenzeichen für Ihre ganz persönliche humorvolle Note. Bevorzugen Sie humoristische Texte, so sollten sie auf die jeweilige Situation sensibel hin ausgewählt werden.

Lachen ist wie das Licht wichtig. Wir können erst mit dem Licht sehen, und unser Körper wird durch die Wärme des Tageslichtes erwärmt. Durch das tiefe Einatmen beim Lachen können wir wieder unseren Körper von innen her spüren. Das Lachen ist eine Kurzgymnastik für unsere Muskulatur, mit einer angenehmen Wirkung auf unser seelisches Befinden. Diese Wirkung kann jedoch nur dann als angenehm empfunden werden, wenn wir mit Witzen und aufgesetzter Humorigkeit nicht eine traurige Stimmung zu verdrängen versuchen.

Humor
ist kein besonderer Anlaß,
sondern kann zu einer Lebenseinstellung werden.

Wenn wir die Kleinigkeiten unseres Alltags mit einem humorigen Auge betrachten, dann suchen wir nicht krampfhaft nach einer Situation, in der wir einen Menschen einmal aufheitern können, ihn zum Lachen bringen. Der Humor wird wie ein wohltuender tiefer Atemzug Teil unseres Alltags. Ein Alltag, der eine gute Basis bildet, auch andere, traurige Stimmungen zulassen und leben zu können.

Erfahren wir den Humor als eine neue Lebenseinstellung, zumindest aber als einen wichtigen Teil unseres alltäglichen Lebens, dann ist uns das *Loslassen* zu einem erfreulichen Begleiter geworden. Wir haben die vielen kleinen humorigen Alltäglichkeiten in unserem Leben dazugewonnen. Und mit jedem tiefen Atemzug im Lachen lassen wir auch gerade Gewonnenes, den Atem, wieder los. Wir haben keine Möglichkeiten, den Atem über längere Zeit nur für uns zu behalten. Jeder Versuch, ihn nicht mehr herzugeben, scheint uns absurd, denn nur durch das *Loslassen* des Atems, wird uns die Möglichkeit des neuen Atmens geschenkt.

Die Bedeutung von Hoffnung *in der letzten Lebensphase*

Der alltägliche Abschied ist geprägt von dem Prinzip Hoffnung auf ein Wiedersehen. Die alltägliche Erfahrung, daß ein Wiedersehen möglich ist, gibt uns das Vertrauen, *das Wiedersehen* als eine selbstverständliche Komponente in unserem Leben zu sehen. Ausgehend von der alltäglichen Erfahrung, daß wir damit *rechnen* dürfen, uns jeder Zeit wiederzubegegnen, werden unerwartete Trennungen vor allem dann als *Vertrauensbruch* erlebt, wenn der Tod plötzlich eintritt und zum Abschiednehmen keine Zeit blieb.

Immer in Abwägung zu unserer Lebenserfahrung, bilden Erwartungen, Bedürfnisse und Wünsche die Grundlage für unsere konkreten Hoffnungen. Wenn wir krank sind, hoffen wir auf Gesundung. Wenn keine Gesundung realistisch scheint, hoffen wir auf Erleichterung der Beschwerden. Wir hoffen auf Unterstützung und Begleitung durch andere. Wir hoffen, daß einem Mensch, der leidet, sein Leid erträglich gemacht werden kann. Wir hoffen auch ganz konkret, daß ein sterbendes Elternteil noch Zeit für seine Familie gewinnt und daß Partner einen guten Weg in dieser gemeinsamen Lebens- und Abschiedsphase finden. Wir hoffen, daß ein Mensch in seiner letzten Lebensphase für sich zur Ruhe kommen kann. Wir hoffen für ihn, daß er loslassen und ruhig den Übergang vom Leben in den Tod vollziehen kann.

Hoffnungen sind innige Wünsche, Bitten für einen bestimmten Menschen: *Fürbitten*, die in die Zukunft gerichtet sind.

Nehmen wir einem Menschen das Recht auf Hoffnung, nehmen wir ihm die Zukunft.

Wer von uns aber kann sagen, daß ein sterbender Mensch keine Zukunft hat? Gewachsen aus seiner Lebenserfahrung, seiner kulturellen und religiösen Heimat, entwickelt jeder Mensch in sich ein Bild davon, was er als das *Danach* bezeichnen würde. Auch wenn manche Menschen von einem *Nichts* sprechen, was sie als ihre Zukunft nach dem Tod erwarten, so ist es doch diese ihre spezielle Zukunft, welche sie zu erwarten *hoffen*.

Hoffnungen zu motivieren und erleben zu lassen, sind eine wichtige Aufgabe der Sterbebegleitung. Hoffnungen sind Teil des Lebens und Teil des Sterbens. Ohne Hoffnung versagen wir uns eine Zukunft im Leben und im Tod, wird das Leben und das Sterben hoffnungs- und ziellos. Nehmen wir einem Kranken oder Sterbenden die Hoffnung, nehmen wir ihm die seelische Lebenskraft im Sinne der *Seins*kraft. Patientin: „Der Arzt hat gesagt, daß die Chemotherapie nichts mehr bringen wird, aber ich geh in eine andere Klinik und mach dort weiter! Ich weiß, daß ich es doch noch schaffen werde. Nee, ich werde jetzt noch nicht sterben!" Manchmal fällt es uns als Kranken- und Sterbebegleiter schwer, die Hoffnung von Betroffenen zu begleiten, wenn uns seine Hoffnungen unwirklich scheinen. Es ist nicht an uns, ihn zu korrigieren oder aber in seinem Tun noch zusätzlich zu motivieren, aber als Begleiter können wir seine Wünsche respektieren. Dieser Betroffene spürt in sich die Kraft, der Erkrankung entgegenzutreten. Er ist im Moment ein Kämpfer oder auch nur ein Mensch, der noch Zeit braucht, andere Wege der Hoffnung zu entwickeln, die mit seiner neuen Lebensphase übereinstimmen.

Die schwierigen Zeiten einer Partnerschaft entstehen immer dann, wenn die Partner unterschiedliche Entwicklungsphasen durchleben. Eine schwere Erkrankung fordert sowohl den Betroffenen wie auch seinen Partner auf, sein eigenes Leben wie auch die Partnerschaft zu reflektieren. Man kommt sich näher, oder durch schnelle Entwicklungen der Erkrankung, Auseinandersetzung mit Verlustängsten und Todesnähe ist *Gangart* und *-tempo* der Partner plötzlich unterschiedlich geworden. Die Partnerschaft wird in dieser Lebensphase besonders hart gefordert. Eine zusätzliche Belastung besteht dann, wenn eine Familie zu versorgen ist, wirtschaftliche oder andere Probleme die Beziehung belasten. In dieser Zeit ist das Vertrauen beider Partner zueinander und die Übung des partnerschaftlichen Dialogs besonders wichtig. Wenn der Betroffene selber (noch) nicht über seine Krankheit, seine Gefühle und Sorgen sprechen mag, wenn er und sein Partner die Entwicklung seines Gesundheitszustandes unterschiedlich wahrnehmen, dann wird auch der begleitende Partner besonders belastet. Denn seine Aufgabe ist es abzuwarten, bis der Betroffene für ein Gespräch *gereift* ist. Eine gemeinsame Entwicklung von Hoffnungen für die Zukunft ist dann erst möglich, wenn auch ein gemeinsames Gespräch möglich wird. Für den begleitenden Partner kann es hilfreich sein, sich jetzt einen vertrauensvollen Gesprächspartner zu suchen, der allein für ihn und seine Gedanken und Sorgen da ist.

Entwicklungen brauchen Zeit
und eine gute Begleitung.

Das Betreuungsrecht, Hilfe oder Hindernis?

Eine Krankheit kann einen Menschen nicht nur körperlich verändern, manchmal verändert sie auch seine geistigen Fähigkeiten, und er gilt laut Gesetz nicht mehr als handlungsfähig. Nach Absprache mit dem behandelnden Arzt sowie einem weiteren, begutachtenden Arzt kann bei einem Erwachsenen durch das Vormundschaftsgericht ein sogenannter *Betreuer* eingesetzt werden. In der Regel wird der Betreuer der Lebenspartner oder das erwachsene Kind des Betroffenen sein. Aber wenn es keine Menschen in dem Umfeld des Betroffenen gibt, die diese Aufgabe übernehmen können, so werden über das Gericht Berufsbetreuer eingesetzt. Das können Rechtsanwälte, Sozialpädagogen oder andere neutrale Betreuungspersonen sein. *Betreuungsvereine*, die auch im öffentlichen Telefonbuch zu finden sind, vermitteln ebenfalls diese Fremdbetreuer.

Wenn wir als Sterbebegleiter beispielsweise einen alleinstehenden Menschen betreuen und gemeinsam mit dem Pflegedienst den Eindruck bekommen, daß der Betroffene nur noch schwer sein Leben regeln kann, haben wir die Möglichkeit, beim Gericht um einen Betreuer zu bitten. Haben wir jedoch erst einmal diesen Antrag gestellt, hat das Gericht die Aufgabe, diesem Antrag nachzugehen. Ein Verfahren, was einmal läuft, kann nicht wieder zurückgenommen werden. Allein der Betroffene oder sein zukünftiger Betreuer haben das Recht, bei Gericht die Aufhebung der Betreuung zu beantragen. Dies macht deutlich, daß allein schon die Antragstellung bei Gericht eine große Verantwortung birgt.

Im Rahmen der Sterbebegleitung entscheidet der Betreuer über die Art und Weise der Begleitung des Betroffenen. Er entscheidet an Stelle des Betroffenen über medizinische und pflegerische Maßnahmen im Rahmen dessen, wie es auch der Betroffene selber zuvor vermag. Problematisch wird es am konkreten Beispiel der sogenannten *lebensverlängernden Maßnahmen*. Hier sind sich die Gerichte sehr uneinig, welche Maßnahmen nun *lebensverlängernd* sind. Und gerade in dieser Phase, wo der Betroffene sich in der Sterbesituation befindet, würde er eines besonderen Schutzes durch den Betreuer bedürfen.

Ganz anders sieht es für einen Betroffenen aus, welcher seinem Lebenspartner oder einem anderen ihm nahe stehenden Menschen die Vollmacht gegeben hat (z. B. durch eine *Patientenverfügung* s. u.), so daß dieser im Falle einer Handlungsunfähigkeit seine Rechte vertreten und nach seinem Willen handeln kann. Diese Vollmacht sollte handschriftlich verfaßt sein und mit Ort, Datum und Unterschrift sowie Namen und Anschrift des Bevollmächtigten versehen sein. Weisen Sie als Sterbebegleiter den Betroffenen auf diese Möglichkeiten hin, und machen Sie ihm Mut, immer wieder sich mit dem Menschen, dem er sein Vertrauen schenkt, über seine Bedürfnisse und seine Wünsche zu sprechen, die er im Falle einer Handlungsunfähigkeit realisiert sehen möchte. Je genauer der Bevollmächtigte dem Arzt gegenüber für den Betroffenen eintreten kann, umso eher wird dieser ihn als Bevollmächtigten respektieren.

Jeder Mensch, der Krankheit und Sterben als Teil des Lebens sieht, wird vernünftigerweise sich mit dem Sinn und den Möglichkeiten einer Patientenverfügung auseinandersetzen wollen. Die Patientenverfügung, auch *Patiententestament* genannt, ist ein Schreiben, in dem jeder von uns seinen Willen bekunden kann, wie er im Falle eines Unfalls oder einer Erkrankung sich die Handlungen der ihn behandelnden und betreuenden Menschen wünscht. Wir gehen dabei speziell auf die Situation ein, in der wir uns selber nur schlecht oder gar nicht verständlich machen können.

Vorschläge zu einer Patientenverfügung sind u. a. bei Hospiz-Gruppen, aber auch bei den Kirchen erhältlich (s. *Adressen*). Persönliche Anmerkungen und Zusatzformulierungen helfen den Ärzten in der Einschätzung des tatsächlichen Willens des Patienten. Denn nach wie vor sind Ärzte gesetzlich nur bedingt gezwungen, den persönlichen Willen des Betroffenen zu respektieren. Hinzu kommt die Furcht der Mediziner, sie könnten von den Hinterbliebenen auf unterlassene Hilfeleistung verklagt werden. Daher besitzt die Patientenverfügung in Deutschland zunächst nur eine *beratende* Funktion. Jedoch nach einem bestehenden Urteil darf ein Arzt, dem der Inhalt der Patientenverfügung bekannt ist, diesem nicht zuwiderhandeln; auch wenn ihm dieses Handeln unsinnig erscheint. Befreit ist der Arzt aus dieser rechtlichen Bindung, wenn die Verfügung ihm ein unrechtliches Handeln, wie beispielsweise die Tötung, vorschreiben möchte.

Sollten Angehörige den Eindruck haben, daß ein Arzt der Patientenverfügung zuwiderhandelt und klärende Gespräche zu keiner Veränderung seines Handelns führen, haben Sie (wenn sie laut Patientenverfügung die Bevollmächtigten sind) die Möglichkeit, den Arzt von seiner Behandlungspflicht zu entbinden. Von diesem Recht wird leider zu wenig Gebrauch gemacht. Angehörige haben oft Angst, einen Arzt zu wechseln (lange Beziehung zum Arzt, ortsbezogene Abhängigkeit von diesem einen Arzt, Angst, als schwierige Angehörige zu gelten, usw.) Das Nicht-Handeln kann für den Sterbenden ein verlängertes körperliches Leiden bedeuten. Die Angehörigen selber leiden aber auch an der seelischen Not: sich nicht zu trauen, den Willen des Patienten durchzuführen, um mit dem Arzt nicht eine Auseinandersetzung führen zu müssen. Angehörige sollten sich mit professionellen Begleitern besprechen. Die professionellen Helfer dürfen zwar nicht den Angehörigen zur Arztwahl auffordern, jedoch können sie, neben Gesprächen mit dem Arzt, auch den Angehörigen in seinen Schritten seelisch unterstützen. Nach wie vor gilt jedoch, alles mögliche zu unternehmen, daß der Betroffene, in seinem Sinne, so gut wie möglich weiter von dem ihm bereits bekannten Arzt betreut werden kann.

Informationen für die Erstellung einer wirksamen Patientenverfügung:

■ Gespräch mit den Familienmitgliedern oder einer vertrauten Person.

■ Der Verfasser der Patientenverfügung muß bei klarem Bewußtsein und eine eigene Willensbildung sollte möglich sein.

■ Die Patientenverfügung sollte viele persönliche Bedürfnisse und Wünsche darlegen, so daß diese Anhalte eine bedürfnisorientierte Betreuung bieten. So kann der Betroffene angeben, daß er z.B. gerne betet oder auch welche Art von Musik ihn entspannt.

■ Was bedeutet dem Betroffenen viel in seinem Leben? Was macht für ihn Lebensqualität aus?

■ Vor welchen Lebenssituationen hat der Betroffene Angst?

■ Welche medizinischen Maßnahmen möchte er vielleicht nicht erleben (z.B. Reanimation)?

■ Haben seine Wünsche sich aus seiner persönlichen Lebenserfahrung entwickelt, oder gibt es eine lebensphilosophische oder spirituelle Grundlage für seine Wünsche?

■ Es ist überaus wichtig, die Patientenverfügung regelmäßig zu überdenken und erneut seine Unterschrift (mit Datum) unter das Schriftstück zu setzen. Durch diese Maßnahme erkennen die Ärzte, daß der Wille nicht allein aus einem spontanen Entschluß heraus entstanden ist, vielmehr sich auf Grund einer persönlichen Entwicklung mit diesem Thema gebildet hat.

■ Die Patientenverfügung sollte auch ein oder zwei Personen benennen, welche im Notfall im Sinne des Betroffenen handeln und entscheiden. Bevor die jeweiligen Namen eingesetzt werden, sollte der Betroffene sich Zeit nehmen, diesen Vertrauten seine Wünsche zu erläutern und sie um diesen Dienst zu bitten.

■ Möglicherweise verändert sich im Laufe der Zeit das Verhältnis zu den Bevollmächtigten. Der Betroffene sollte sich nicht scheuen, sich andere Vertraute zu suchen.

■ Es ist unbedingt wichtig, daß die Patientenverfügung bei den Ausweispapieren im Geldbeutel oder gut auffindbar neben dem Bett liegt. Eine Kopie der Patientenverfügung sollten die Personen erhalten, die im Notfall für den Betroffenen eintreten sollen. Die Übereinstimmung der Papiere ist für die Ärzte ein weiterer Hinweis, daß die Vertrauenspersonen im Auftrag des Betroffenen handeln.

Neben der Patientenverfügung ist im Notfall vor allem für die behandelnden Ärzte der persönliche Eindruck von den Bevollmächtigten wichtig. Treten beispielsweise die bevollmächtigten erwachsenen Kinder mit unterschiedlichen Vorstellungen zur weiteren Betreuung des im Sterben liegenden Elternteils auf, wird sich der Arzt fragen müssen, welcher der Kinder nun den wahren Willen des Betroffenen vertritt. Eigene Interessen der Bevollmächtigten sind die große Gefahr in der Realisierung des eigentlichen Willens des Betroffenen. Je öfter und ausführlicher Gespräche im Vorfeld über die persönlichen Wünsche in einem Notfall stattfinden, je besser werden die Bevollmächtigten später diese Wünsche gegenüber dem Arzt unzweifelhaft vertreten können. Auch sollte die ärztliche Frage nicht lauten: *„Was meinen Sie, sollen wir Ihre Mutter noch operieren?"* vielmehr gilt es zu fragen: *„Wissen Sie, wie Ihre Mutter in dieser Situation entscheiden würde?"*

III. Sinnvolles *Erleben des Alltags*

Krankheit verändert das Leben, für den Betroffenen und für die Menschen, die ihn begleiten. Der wohlbekannte Alltag verändert sich mit der Befindlichkeit des Menschen. Körperliches und seelisches Leiden wollen gepflegt werden. Schmerzen und Ängste hindern am unbekümmerten Tagesablauf und dem ruhigen Schlaf. Oft fehlen für alte, kranke und sterbende Menschen Impulse im Tagesablauf: Jeder Tag scheint wie der Tag zuvor. „Was für einen Tag haben wir heute?" fragen sich Betroffene, für die der Tag, die Woche keine Struktur mehr besitzt. Symptome der Krankheit, aber auch innere Unruhe und seelische Nöte können den Schlaf verhindern. Eine Nacht wird zum Tag, ein Tag mit noch weniger Strukturen, unendlich lang scheinend und voller Einsamkeit, da die Menschen um einen herum fehlen. Nicht nur der Betroffene selber kann Veränderungen von Tag und Nacht erleben. Auch die Familienmitglieder sehen sich durch die Pflege und Begleitung aus ihrem alltäglichen Rhythmus gebracht. Die Betreuung des alten oder kranken Familienmitglieds verändert die eigene Tagesstruktur. Plötzlich scheint die Zeit für alltägliche Dinge nicht mehr zu reichen, kleine Pausen für die eigene Erholung kommen zu kurz, oder durch die intensive Begleitung begegnet man kaum noch Freunden und anderen Menschen außerhalb des eigenen Zuhauses. Und dann lassen Gedanken über die Zukunft einen nicht zur Ruhe kommen, keinen Schlaf finden. Zwischendurch immer wieder für den Betroffenen da sein, ihn wenden, die Windeln wechseln oder einfach auch nur die Hand halten. Tag für Tag, Nacht für Nacht.

Die Zeit des Sterbens ist für alle Beteiligten, für den Betroffenen wie für die, die ihn begleiten dürfen, eine intensive Zeit. In Zeiten, in denen wir emotionell intensiv wahrnehmen, brauchen wir auch immer wieder unsere Freiräume, Distanz zu anderen, um unseren Gefühlen Raum und Zeit zu geben, um das Erlebte nachzuempfinden und für unser Leben als etwas Gutes und Lebenswertes zu entdecken. Zu viel Nähe, kein Raum für eigenes Erleben, macht das gemeinsame Erleben zunichte und führt zu Aggressionen gegen sich und andere. *Jede Pflanze braucht ihren Raum, um zu wachsen.*

Wenn Sie mögen, machen Sie mit einer Person Ihres Vertrauens ein kleines Spiel.

1. Setzen Sie sich auf Stühlen so gegenüber, daß ihre Knie nur 50 cm voneinander entfernt sind. Halten Sie sich exakt aufrecht auf dem Stuhl, stellen Sie bitte Ihre Füße vor sich nebeneinander, und legen Ihre Hände ruhig in den Schoß.

2. In dieser Sitzposition bleiben Sie bitte für zehn Minuten, und behalten Sie während der gesamten Zeit zu Ihrem Spielpartner Blickkontakt. Sie können ruhig miteinander sprechen, aber versuchen Sie weiter den Augenkontakt zu halten, und bleiben Sie in der exakt aufrechten Sitzposition, mit ruhigen Füßen und Händen.

3. Besprechen Sie anschließend, wie die körperliche Einschränkung und der unentwegte Blickkontakt auf Sie beide gewirkt hat.

Dieses kleines Spiel versucht, mit wenigen Möglichkeiten zu simulieren, wie Menschen, die stetig präsent sind, für einen anderen in seinen Entfaltungsmöglichkeiten eine große Einschränkung, manchmal sogar eine Belastung werden können. Sowohl für den Betroffenen wie auch für seine Begleiter gilt, daß jeder sich Freiräume suchen muß. Für den Betroffenen ist es manchmal viel angenehmer, wenn ein Begleiter nur im Raum ist, als wenn er ständig seine Hand hält und in seinem Gesicht forscht, wie es ihm jetzt gerade geht. Das begleitende Familienmitglied schöpft dann wieder neue Kräfte, Mut und Freude, wenn es, entlastet von den alltäglichen Aufgaben, alleine oder unter Freunden einmal wieder sich *erleben* darf. In der Verwirklichung dieser Freiräume können Hospize und andere ehrenamtliche Helfer helfen.

Von Raum und Zeit

Raum schaffen.
Zeit suchen und sammeln.
Raum und Zeit für sich und andere haben.

Die Wahrnehmung von Raum und Zeit steht immer im Verhältnis zu unserer eigenen Bewegung. Erst wenn wir uns mit unserem Körper bewegen, erleben wir unseren Körper als Raum, als Körperhülle, empfinden wir Muskeln, Sehnen und die Haut, die uns umhüllt. Erst wenn wir uns mit unserem Körper durch einen Raum bewegen, nehmen wir seine Dimensionen, seine Weite, seine Größe und seine Atmosphäre wahr, denn wir erleben ihn von seinen verschiedenen Perspektiven. Durch unsere Bewegung nehmen wir unsere Umgebung wahr, werden die Bilder unserer Umgebung in uns lebendig, bewegen uns auch emotional. In einem Bett liegend haben wir nur einen begrenzten Rahmen, uns zu bewegen und den Raum uns wahrzunehmen. Unsere Perspektive ändert sich nur gering. Wären da nicht die Lichtverhältnisse, die sich im Laufe des Tages verändern und die Schatten im Raum in Bewegung setzen, unser räumlicher Eindruck wäre sehr eingeschränkt. Das menschliche Bedürfnis auch nach veränderbaren visuellen Reizen motiviert zunehmend Kliniken, ihre Intensivstationen und Krankenzimmer farblich und z. B. durch Wechselbildrahmen umzugestalten.

Mutter (38 Jahre): „Die Zeit vergeht heute so schnell. Schon ist wieder ein Viertel des neuen Jahres vorbei. Als Kinder waren uns die Ferien so unendlich lang vorgekommen. Und heute versucht man, in der Zeit so viel wie möglich zu schaffen." Wenn wir unserem Handeln Strukturen geben, Aufgaben zu erfüllen haben und in unserem Tun einen Sinn sehen können, scheint die Zeit uns viel zu kurz. Können wir in unserem Leben keinen Sinn erkennen, haben keine konkrete Aufgabe, kein Ziel, keine Hoffnung, dann erleben wir das Leben wie in Zeitlupe an uns vorbeiziehen. Wir messen aber die Zeit auch an unseren vergangenen Leistungen, wie wir sie in Erinnerung haben. Körperliche, seelische und geistige Kräfte sind Maßstäbe für unser Zeitempfinden, wie auch die daraus resultierende Bewertung unseres Wohlbefinden. „Früher habe ich noch viel mehr am Vormittag schaffen können!"

Jedem Menschen ist ein Tag von 24 Stunden geschenkt.
Nicht deren Quantität kann er bestimmen,
aber ihre Qualität.

Manchmal erleben wir eine kurze, aber sehr intensive Begegnung mit einem Menschen, welcher uns tief beeindruckt hat. Diese besondere Erfahrung mit einem Menschen kann kein Argument der Zeit („Ihr habt euch doch nur so kurz kennengelernt!") geringschätzen. Zeit scheint dann relativ zu werden, wenn intensives Erleben im Mittelpunkt der Erfahrung steht. Zeit ist ein Maßstab, der vom Menschen als Kommunikationsmittel entwickelt wurde. So können wir uns nach der Zeituhr verabreden und treffen. Zeit aber bedeutet für jedes Leben, für jeden Menschen eine individuelle Erfahrung, in jedem Moment und auf sein ganzes Leben bezogen. Das Symbol der Zeit erinnert uns, daß es auch für uns irgendwann Zeit ist, sich aus diesem Leben zu verabschieden. Aber wann es für uns Zeit ist, das ist mit unserem Zeitmaß nicht zu erfassen. Das intensive Erleben in seiner Lebenszeit scheint jedoch von einem viel höheren Wert, als der relative Zeitfaktor der biologischen Lebenszeit. Gelingt es uns, Momente unserer ganz persönlichen Lebenszeit intensiv für uns zu entdecken, dann kann dies für unser Leben befreiend sein. Wir machen uns frei von einem Zeitmaß von außen, denn durch das bewegte und intensiv gelebte Leben wird unsere ganz persönliche Lebenszeit bestimmt.

Durch Erschöpfung, Müdigkeit oder auch körperliche Einschränkungen sind alte, kranke und sterbende Menschen oft auf einen relativ geringen Bewegungsraum angewiesen: die Wohnung, ein Zimmer, ein Sessel, das Bett. Mit jeder weiteren Einschränkung des Lebensraumes wird dieser Raum für den Betroffenen mehr Teil seiner Intimsphäre. Solange man sich noch bewegen, einen Raum verlassen, einen Sessel wechseln kann, scheint es nicht weiter bemerkenswert, setzt sich ein Besucher mal auf *seinen* Sitzplatz. Aber wenn man nur auf diesen einen Raum, diesen Platz angewiesen ist, wird jede Übertretung, Vereinnahmung des Platzes, bereits eine *Grenzverletzung*, gegen die sich der Betroffene (welcher auf Hilfe und Zuneigung angewiesen ist) nur schlecht wehren kann. Diese Grenzverletzung scheint uns, die wir uns durch den Raum bewegen können, zunächst übertrieben. Aber wenn unser einziger Lebensraum der eine Sessel oder das Bett ist, dann ist es angenehmer, wenn wir zuvor gefragt werde, bevor sich einfach jemand auf die Bettkante setzt.

Ist der Betroffene auf das Bett angewiesen und in seiner Ganzkörperwahrnehmung durch Erschöpfung oder Krankheitssymptome stark eingeschränkt, kann mitunter sein Privatraum sich allein auf bestimmte Teile seines Körpers beschränken. Als Begleiter haben wir vielleicht manchmal Probleme, nachzuempfinden, warum beispielsweise das gerade aufgeschüttelte Kopfkissen nun immer noch nicht richtig liegt, die Schräge des Rückenteils nicht ganz so ist, wie vom Betroffenen bevorzugt, das Polster unter den Knien anscheinend etwas zu sehr links verschoben usw. Diesen kleinen, dem Betroffenen noch verbliebenen Raum zu pflegen ist wichtig, um ihm Achtung und Respekt zu schenken. Dies ist natürlich auch nur dann möglich, wenn auch der Betroffene Achtung und Respekt für den Begleiter erübrigen kann. Haben Sie als Begleiter einmal das Gefühl, der Betroffene bittet Sie überraschend häufig, das Kissen aufzuschütteln o.a., dann könnte dies auch ein Signal sein, daß vielleicht der Betroffene Sie braucht: einfach da sein, gemeinsam sprechen, weinen oder lachen u.a. Wenn Sie als Begleiter sich jedoch von dem Betroffenen *herumkom-*

mandiert fühlen, versuchen Sie dies in einem ruhigen Moment anzusprechen. Oft entpuppt sich eine schroffe Umgangsform als große Unsicherheit, nun im Alter oder in der Krankheit Hilfe annehmen zu müssen. Warten Sie mit dem Gespräch nicht so lange, bis sich keiner von Ihnen mehr traut, dem anderen seine Wahrnehmung mitzuteilen. Und fühlen Sie sich auch mal so frei und mutig und tauschen Sie sich mit anderen Sterbebegleitern über ihr Verhalten aus.

Betroffene, die nur im Bett liegen können, haben einen besonders begrenzten Lebensraum. Es wäre schön, wenn gemeinsam mit dem Betroffenen und seiner Familie besprochen würde, ob er und zu welchen Zeiten mit dem Bett in einen gemeinsamen Raum der Familie zieht. Oft verändert sich diesbezüglich auch das Bedürfnis der Betroffenen im Laufe der letzten Lebensphase. Gespräche über den gemeinsamen Lebensraum sind also immer wieder Thema in der Familie.

Es kann auch sein, daß der Betroffene durch seine Erkrankung oder große Erschöpfung nach und nach weniger Kontakt zu seinem Körper empfindet. Durch wenig Bewegung ihres Körpers, aber auch durch Lähmungen, verlieren manche Betroffene teilweise ihr Körpergefühl. Das Erleben der noch verbliebenen Sinne kann sich mitunter intensivieren. Dies ist dann auch auf den eigenen Lebensraum übertragbar. Z. B. kann bei einer Ganzkörperschwäche die Wahrnehmung mit den Augen und Ohren besonders intensiv sein. Anreize für das Auge oder die Ohren bilden dann die Grundlage eines Raumempfindens. Wenn man diese Reizangebote über den Tag bzw. Woche strukturiert, kann gleichzeitig ein Angebot gemacht werden, daß der Betroffene auch ein eigenes Zeiterleben aufbauen kann, welches nicht allein von Essens- und Medikamenteneinnahme bestimmt ist. Es ist jedoch wichtig, daß der Betroffene selber immer wieder das für ihn richtige Maß an Reizen bestimmt. Manchmal aber haben Betroffene nicht die Möglichkeit, uns direkt mitzuteilen, wie sie es gerne hätten. Betroffene im komatösen Zustand beispielsweise sind genauso auf angenehme Reize angewiesen wie andere Patienten. Es wäre schön, wenn wir neben pflegerischen und medizinisch-

therapeutischen Eindrücken auch ihnen angenehme, streß-
freie Erlebnisse, z. B. ruhige oder heitere Musik, aber auch
Farben anbieten würden.

Anreize für Auge und Ohr

■ Sessel oder Bett so stellen, daß der Betroffene aus dem Fen-
ster schauen kann.

■ In Blickrichtung eine kleine Blumenvase mit einer besonderen Blume stellen.

■ In Blickrichtung (nicht seitlich oder hinter dem Bett) einen
Wechselbilderrahmen mit großen gut erkennbaren und farbigen Bildmotiven. Die Bildmotive können z. B. wöchentlich
ausgewechselt und vom Betroffenen ausgesucht werden.

■ Bestimmte Tageszeit für Vorlesen aus der Tageszeitung oder
aus einem Buch bzw. Hören von Musik oder Literaturkas-
setten gemeinsam entdecken. (Für das wöchentliche Vorlesen bieten sich auch gerne ehrenamtliche Helfer an.)

■ Hörspiele oder bestimmte Sendungen im Hörfunk (z. B.
Gottesdienst) anhören.

■ Im Raum mal ein anderes Tischdeckchen oder eine farbige
Serviette als Deckchen dekorieren.

■ Bettdecke, Bademantel und Nachthemd öfter wechseln
oder auch einmal neue Muster und Farben kaufen. Aber
gerade die Muster und Farben mit dem Betroffenen abspre-
chen, denn sie wirken stark auf unsere Stimmungen und
unser Wohlbefinden.

■ Medikamente in einen schönen Korb oder eine schöne
Schachtel legen.

■ Angenehmes Licht durch Leuchten (möglichst mit Hellig-
keitsregler und Infrarotfernschalter) gestalten.

■ Vorhänge oder Jalousien so gestalten, daß einerseits von
außen keiner hereinschauen kann, andererseits der Betroffene jederzeit, auch in der Nacht (sollte er wach liegen) die
Möglichkeit hat hinauszuschauen.

Raum geben, Raum nehmen. In der Sterbebegleitung meint für
den Betroffenen *da sein* oft auch, ihm *nahe sein*. Wir versu-

chen, behutsam uns ihm zu nähern und nach und nach seine Bedürfnisse kennenzulernen, den Körperkontakt einfühlsam aufzubauen. Und doch meinen wir oft: „Ich habe ihm doch nur die Hand gehalten –" oder „Ich habe versucht, ihr das Kissen besonders angenehm hinzulegen." Hände und Gesicht sind unsere besonders starken nichtsprachlichen Ausdrucksmittel. Der Kopf und das Gesicht sind unserem *Sein* besonders nahe Körperteile, und über die Hände erspüren wir sensibel Nähe und Distanz zu unserer Umwelt, Wärme und Kühle, ob wir gehalten oder losgelassen werden. Als Begleiter bedarf es einer einfühlsamen Betreuung, wollen wir die Bedürfnisse eines Betroffenen herausfinden.

- Wie legt der Betroffene sich seinen Kopf?
- Wird sein Kopf im Nacken angenehm gestützt?
- Hat er auch einmal die Möglichkeit, seine Wange an das Kissen anzulehnen?
- Bei welcher Lagerung entspannt sich das Gesicht oder die Körpermuskulatur des Betroffenen?
- Wenn wir als Begleiter dem Betroffenen die Wange streicheln oder ihm die Hand auflegen mögen, dann ist dies eine Geste, nicht unbedingt eine dauerhafte Berührung. Geben Sie dem Betroffenen seinen Raum wieder zurück.
- Wie halten wir als Begleiter dem Betroffenen die Hand?
- Wenn wir unsere Hand unter seine Hand legen, kann er sich getragen fühlen und jederzeit seine Hand von unserer lösen?
- Wenn unsere Hand oder unsere Hände seine Hand liebevoll umschließen, ist dies für den Betroffenen in der Regel angenehmer in Verbindung mit einem zartem Streicheln. Ein unbewegliches und langes Verharren der Hände kann wie ein Festhalten empfunden werden.
- Gönnen Sie sich und dem Betroffenen auch Pausen. Können wir uns auch als Begleiter mit unseren Blicken und unseren Händen von dem Betroffenen lösen, ihn sich und seinem Weg überlassen, ihm Raum zum Gehen geben?

Körperkontakte

Jeder Mensch, ob gesund oder krank, kann tagtäglich erleben, wie sich sein Körper verändert. Er verändert sich unter anderem durch äußere Einflüsse, wie beispielsweise Sport oder Verletzungen, vor allem aber durch den natürlichen Alterungsprozeß. Ob wir eine Veränderung als *gut* oder *nachteilig* empfinden, ist durch unser eigenes und von der Gesellschaft geprägtes Ideal von Schönheit und Gesundheit bestimmt.

Wenn unsere Körperlichkeit nicht gerade Teil unseres Berufes ist, nehmen wir in der Regel Veränderungen unseres Äußeren nur dann bewußt wahr, wenn diese Veränderungen von unserem Ideal abweichen. Das erste graue Haar oder auch eine neuentdeckte Falte fordern zu einer emotionalen Auseinandersetzung mit der altersbedingten Veränderung unserer Körperlichkeit heraus. Eine kurierbare Verletzung oder Erkrankung wird uns die Versehrtheit unseres Körpers kurzfristig vor Augen führen. In Momenten und Phasen unseres Lebens, in denen wir mit dieser Verletzbarkeit unseres Körpers konfrontiert werden, haben wir die Chance, das schrittweise Loslassen von unserem bisherigen körperlichen Ideal und unseren körperlichen Kräften zu üben, gleichzeitig sind wir aber auch aufgefordert, uns einen neuen liebenswerten Bezug zu unserem Körper zu suchen. Menschen mit einer chronischen Erkrankung, die ständig neue Symptome und stetig weitere Einschränkungen der körperlichen Möglichkeiten entwickeln, sind besonders gefordert, den Kontakt zu ihrem sich durch die Krankheit verändernden Körper nicht zu verlieren.

Krankheit verändert den Körper. Die Komplexität der Prozesse in unserem Körper läßt auch das äußere Erscheinungsbild des Körpers sich verändern. Einmal erscheinen wir blaß, ein anderes Mal steigt uns das Blut in den Kopf. Unsere Haut wirkt durchsichtig und manchmal auch glänzend durch die Transpiration. Wir sagen: *„Ihre Augen leuchten und strahlen heute."* Und wir erkennen an den Augen unseres Gegenübers, wie er sich fühlt, ob er erschöpft ist oder große Schmerzen hat. *Das Auge ist des Leibes Leuchte* (Matthäus Evangelium 6,22) und spiegelt nicht nur unser körperliches, sondern vor allem auch unser seelisches Wohlbefinden wieder. *„Ich fühl' mich soweit wohl in meiner Haut.*" Dies sagen vor allem jene Patienten, die ihre seelische Kraft wahrnehmen können, obwohl gleichzeitig äußere Veränderungen an ihrem Körper spür- und sichtbar werden.

Aber gerade die körperlichen Veränderungen, bedingt durch eine Krankheit, fordern eine seelische Auseinandersetzung mit der Krankheit, die hier den *natürlichen* Altersprozeß zu überholen scheint. Jeder Mensch hat seine ganz individuellen Möglichkeiten, körperliche Veränderungen in sein Lebenskonzept zu integrieren. Nicht immer meint die Integration ein Akzeptieren der Veränderung. Mitunter, bei aller Aktualität für einen Begleiter kaum verständlich und nachvollziehbar, wird eine neue Veränderung abgelehnt, zu verdrängen oder durch einen Rückzug in die soziale Einsamkeit zu verstecken versucht. Für den einen ist eine durch einen Tumor notwendiggewordene Amputation weit weniger schlimm, als der durch eine Chemotherapie entstandene Haarverlust. Ein anderer kann den Haarverlust akzeptieren, aber Veränderungen auf seiner Haut, auch wenn sie von der Kleidung verdeckt bleiben, irritieren ihn in seinem Körperselbstbewußtsein. Krankheitsbedingte Veränderungen sind eine besondere Herausforderung an unseren Kontakt und unsere Liebe zu unserem eigenen Körper. Zusätzlich zum *normalen* Alterungsprozeß, fühlen wir uns oft ohnmächtig der Krankheit ausgeliefert. Die ständigen Veränderungen des Körperbildes können eine anhaltende seelische Erschöpfung auslösen, die zusätzlich das Annehmen des neuen Körperbildes behindert. Für den Betroffenen ist in dieser Zeit ein vertrauensvolles Gespräch wichtig. Nur er, der Kranke, kann vielleicht in diesen Gesprächen für sich erkennen, worin der Grund für sein verändertes Körpergefühl liegt.

Oft gehen wir als Begleiter vorschnell davon aus, daß der Betroffene aus kosmetischen, ästhetischen Gründen seinen veränderten Körper ablehnt. Oder wir meinen in der Ablehnung ein Zeichen zu erkennen, daß der Kranke die Ursache seiner Erkrankung nicht akzeptieren kann. Aber gerade in diesem intimen Bereich des Körpergefühls sollten wir uns als Begleiter bewußtmachen, daß jeder Kontakt zu seinem eigenen Körper eine sehr individuelle Begegnung ist. Aus diesem Grund, wird nur der Betroffene selber uns mitteilen können, wenn er denn dies gerne möchte, wann und ob er einen neuen Zugang zu seinem veränderten Körperbild finden kann. Als Begleiter können wir manchmal mit einem sehr behutsamen Gesprächsangebot dem Betroffenen unsere Anteilnahme und unser aufrichtiges Interesse zeigen. *Ich kann mir vorstellen, daß diese ständigen Veränderungen für dich sehr anstrengend sind. Magst du mir erzählen, wie du damit gerne umgehen würdest?* Geben wir dem Betroffenen die Chance, für sich nachzuspüren, welche Alternativen im Umgang mit den Veränderungen er besitzt.

Die durch Veränderungen erhöhte Sensibilität birgt auch Vorteile. Kranke Menschen haben z. B. aufgrund der durch die Krankheit ausgelösten besonders ausgeprägten Wahrnehmung ihres Körpers oft ein sensibles Gespür dafür, welche körperlichen Veränderungen zu dem bereits bekannten Krankheitsbild *gehören* und welche Veränderungen eine neue Entwicklung im Krankheitsprozeß ankündigen. Erfahrene Ärzte nehmen die Hinweise der Patienten aus diesem Grund ernst und beziehen sie in die Besprechung zwischen Arzt und Patient mit ein.

Das persönliche Körperbild

Legen Sie sich zunächst einen Bleistift, ein paar schöne Buntstifte und ein Blatt Papier zurecht. Je nach Bedürfnis können Sie später auch Wasserfarben verwenden. Und vielleicht mögen Sie sich etwas Ruhe und Zeit gönnen und einmal Ihrem Körper nachspüren und sich Ihr eigenes Körperbild ausmalen. Mit Hilfe der beiden abgebildeten Körperseiten können Sie dann Schritt für Schritt versuchen, die folgenden Fragen malend zu beantworten.

■ Welche Stellen an Ihrem Körper spüren Sie gerade? Kreisen Sie sie mit einem dünnen Bleistiftstrich ein.

- Welche dieser Stellen empfinden Sie als angenehm, welche als unangenehm? Bitte benutzen Sie dafür entsprechend unterschiedliche Farben und Farbnuancen.
- Gibt es andere Bereiche an Ihrem Körper, die Sie erst durch bewußte Berührung als angenehm bzw. unangenehm empfinden? Verwenden Sie wieder entsprechend unterschiedliche Farben.
- Welche Art der Berührung haben Sie an diesen Stellen bereits erlebt?
- Gibt es Stellen an Ihrem Körper, die Sie noch nicht farbig bemalt haben? Was empfinden Sie dabei, daß diese Stellen für Sie *unberührt* blieben?
- Bitte nehmen Sie sich einmal Zeit, und überlegen Sie sich, welche Art der Berührung Sie sich für diese Stellen des Körpers wünschen würden.
- Gibt es für Sie Möglichkeiten und Alternativen, Ihren ganzen Körper *berührt* zu erleben, beispielsweise im Wasser schwimmend?
- Vielleicht mögen Sie einmal auf einen Punkt oder einen Bereich Ihres Körpers schauen, der Ihnen nicht so gut gefällt? Welche Farbe würden Sie ihm geben?
- Wenn Sie diesen Bereich Ihres Körpers anschauen, würden Sie sagen, er ist für Sie ein Teil Ihres gesamten Körpers? Welche Farbe müßte er haben, um zu dem gesamten Körper zu gehören?
- Dieser Bereich Ihres Körpers, der Ihnen jetzt vielleicht nicht so gut gefällt, wird nicht ohne weiteres ein Teil Ihres Körperbildes werden. Aber wenn Sie mögen, dann nähern Sie sich ihm doch einmal farblich langsam an. Nehmen Sie ein einfaches Blatt Papier. Beginnen Sie in der Mitte mit einem Punkt in der Farbe des für Sie nicht so einfach zu akzeptierenden Bereiches Ihres Körpers. Langsam, Schritt für Schritt, in kleinen Mustern oder mit Wasserfarben ineinanderfließend, suchen Sie den anderen Farben Ihres Körpers zu begegnen.
- Wenn Sie mögen, probieren Sie diese Begegnung auch mit den Farben anderer Körperbereiche.

Vorderseite   *Rückseite*

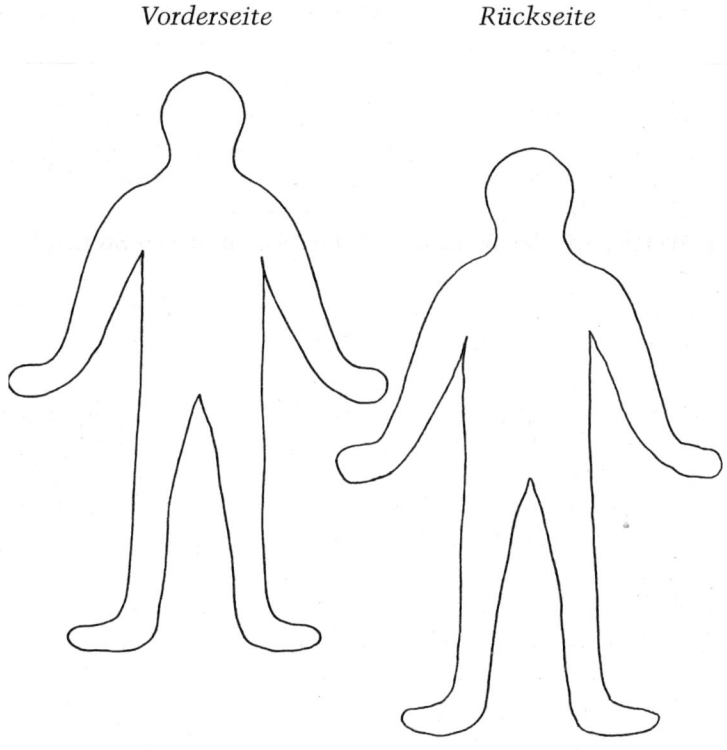

Bedingt durch körperliche und seelische Erkrankungen können Menschen erleben, wie sie immer mehr den sensiblen Kontakt zu ihrem Körper verlieren. Beispielsweise fühlen manche Patienten nicht mehr, wie ihre Beine liegen. Für uns Begleiter ist dies mangels eigener Erfahrung kaum vorstellbar. Mit Hilfe einer Übung können wir einen kleinen Ausschnitt von dem erleben, was Menschen, die teilweise den Kontakt zu ihrem Körper verloren haben, auch erleben könnten. Dieses eigene Erleben macht uns feinfühlig im Umgang mit den vielfältigen Möglichkeiten der körperlichen Wahrnehmungen und ihrer möglichen Einschränkungen.

Kleine Übung zum Körperkontakt

Suchen Sie sich einen ruhigen Ort. Setzen Sie sich bitte so auf einen Stuhl, daß Ihre beiden Handflächen unter Ihrem Gesäß flach liegen. Die Finger sollten dabei entspannt auseinander liegen. Spielen Sie eine Ihnen angenehme Musik über Walkman o. ä. und bleiben Sie in dieser Sitzhaltung für etwa zehn Minuten. Es ist ganz wichtig, daß Sie sich während dieser Zeit nicht bewegen. Suchen Sie sich aus diesem Grund zuvor eine entspannte Sitzposition, lassen Sie Ihre Schultern hängen, und konzentrieren Sie sich einfach auf die Musik. Sie dürfen jetzt für diese Zeit einfach mal Ihren Körper vergessen. Schließen Sie Ihre Augen, und wenn während der zehn Minuten einmal ein Haar Sie kitzelt oder etwas anderes Ihre Aufmerksamkeit fordert, versuchen Sie einfach, ruhig sitzenzubleiben und sich auf die Musik zu konzentrieren. Vielleicht haben Sie ein Musikstück gewählt, welches gerade etwa zehn Minuten dauert, andernfalls stellen Sie sich zuvor eine Uhr in Blickweite. Ist die Zeit vorbei, bewegen Sie sich bitte immer noch nicht. Versuchen Sie mit geschlossenen Augen, Ihren Körper und seine Lage nachzuspüren. Wie sieht Ihr Körperbild aus? Wie ist die Stellung Ihrer Arme und Beine zum Körper? Wo spüren Sie den Körperkontakt? Versuchen Sie, auch die Lage Ihrer Finger und der gesamten Hand zu erkennen. Welche Finger haben miteinander Berührung, welche sind gespreizt?

Die Vorstellung von unserem Körperbild ist für uns und unsere Orientierung in der Umwelt sehr wichtig. Erst wenn wir eine Ahnung haben, wo sich unsere Füße und Beine, unsere Hände und Arme gerade befinden, sind wir in der Lage, angemessen zu reagieren und eine sinnvolle Koordination aller Gliedmaßen zu gewährleisten. Diese Koordination wiederum ist ein wichtiger Bestandteil für die Einhaltung des körperlichen Gleichgewichts. Und immer dann, wenn wir aus dem körperlichen Gleichgewicht geraten oder wir von der Lage der einzelnen Körperteile irritiert sind, weil beispielsweise durch eine neurologische Erkrankung uns bestimmte Informationen zur Lage des Körperteils fehlen, dann gerät auch unser seelisches Gleichgewicht ins Wanken.

Wir sind nicht Nichts ohne unseren Körper,
aber wir sind auch nicht alles ohne ihn;
Denn wir erleben unser Sein in einem Miteinander
von Körper, Geist, Seele und Spirituatlität.

Der Kontakt zu den verschiedenen Teilen unseres Körpers ist eng mit unserem Kontakt zu unserer Seele und zu unserem Geist verbunden. Der fehlende Kontakt zu einem erkrankten Körperteil belastet auch die Seele und fordert den Geist heraus, Verhaltensweisen zu suchen. Veränderung unserer Körperlichkeit wird in der gleichen Art und Weise betrauert, wie das Leben an sich. In der Begleitung eines Schwerkranken und Sterbenden werden wir somit auch in bezug auf den Abschied von Körperfunktionen eben solche emotionale Phasen erleben, wie in der Trauerarbeit allgemein. Als Begleiter haben wir die Chance, ihm durch einfühlsame Fragen aufzuzeigen, wann und mit welchen Hilfen er bereits erfolgreich diesen Veränderungen begegnet ist. Machen wir den Betroffenen stark in seinen eigenen Möglichkeiten, mit Verlusten umzugehen. Dabei ist es notwendig, daß wir als Begleiter immer wieder auch spüren, wann der Betroffene seine Zeit und Ruhe benötigt, in der der Verlust von körperlichen Funktionen und des Körperkontaktes *einfach mal so stehen gelassen werden darf.*

Die Liebe zur eigenen Körperlichkeit
ist die Grundlage des selbstbewußten Körperkontaktes.

Körperkontakt meint immer auch, *Kontakt zu seinem eigenen Körper entwickeln.* Was bedeutet mir dieser Körper? Ist er nur ein Objekt, durch das ich meine Seele und meinen Geist auszudrücken gelernt habe? Ein Mantel, ein Kleidungsstück, das mich im Leben zusammenhält, aber welches ich im Sterben zurücklassen werde? Kann ich meinen Körper lieben, auch wenn er von meinem Ideal abweicht? Wie lebe ich diese Liebe zu meinem Körper? Ist er ein Teil von vieren, welcher gleichberechtigt zu den anderen drei Teilen, meiner Seele, meinem Geist und meiner Spiritualität, gelebt werden will? Welchen

Anteil hat die Beziehung zu meinem Körper zu meinem Selbstbewußtsein, meinem Selbstwertgefühl?

Der Kontakt zum eigenen Körper begleitet uns durch das ganze Leben. In der letzten Lebensphase, insbesondere wenn sie durch Krankheit begleitet ist, werden wir uns unseres Körperkontaktes durch das Empfinden der Verletzbarkeit des Körpers besonders bewußt. Gerade in der Zeit des Sterbens stehen Gedanken zur Existenz des *Ich* und des *Selbst* in Verbindung mit der versehrten Körperlichkeit. Das Annehmen der nicht kurierbaren Krankheit und des Sterbens steht in unmittelbarer Verbindung zu dem eigenen *Selbst*bewußtsein und der eigenen Körperlichkeit.

Von der Körperlichkeit und vom eigenen Selbstbewußtsein

Der Körper ist eine unserer Möglichkeiten, uns selbst darzustellen. Durch ihn verkörpern wir unser *Selbst*. Durch ihn werden wir auch uns *selbst bewußt*, stärken wir unser *Selbstbewußtsein*. Der Körper ist ein Teil unseres *Selbst*, mit dem wir auch Teil einer sozialen Gemeinschaft werden, denn durch ihn können wir uns anderen mitteilen und ausdrücken: *Ich gehöre zu euch!* Wir tun das durch die Art unserer Kleidung, unseres Haarschnitts, des Schmucks und die Weise, wie wir uns bewegen. Unser Körper unterstützt uns beim Reden und hat auch ganz ohne Worte eine Ausdruckskraft, die von der uns umgebenden sozialen Gemeinschaft verstanden wird.

In der Krankheit wird die Ausdruckskraft des Körpers verändert, mitunter auch eingeschränkt. Die soziale Gemeinschaft um einen Kranken – und verstärkt um einen Sterbenden – wird mit dem Ausdruck von Hilflosigkeit, Schmerzen, Erschöpfung, körperlichem und seelischem Leid verstärkt konfrontiert. Ein kranker Körper irritiert, verhält sich nicht so, wie die Idealbilder der Gemeinschaft es vorgeben. Ein Mensch mit einem kranken Körper steht zwischen dem Erleben der nicht vorhersehbaren Veränderungen seines eigenen Körpers und den Idealbildern und Verhaltenserwartungen der sozialen Gemeinschaft. Die Gemeinschaft fühlt sich über Verhaltensweisen, die von der *Norm* abweichen, irritiert und reagiert mit Distanzierung, mitunter mit Ausgrenzung. Im Angesicht von Krankheit und Schwächen verstärken Unwissenheit und Vorurteile die bereits in der Gemeinschaft vorhandenen Ängste gegenüber Krankheit und körperlichen Einschränkungen. Statt sich gegenseitig Mut zu machen und auf den eigentlich Betroffenen zuzugehen, entsteht oft eine Gemeinschaft der Verängstigten und im Umgang mit *dem anderen* Verunsicherten.

Einigen Menschen fehlt der Mut, sich über Krankheiten in sachbezogenen Büchern zu informieren. Sie lassen sich durch Vorurteile in ihren Gefühlen beherrschen, grenzen sich und andere von einer lebens- und liebenswerten Begegnung mit kranken und sterbenden Menschen aus. Der Betroffene, seine Angehörigen und Freunde erleben durch eine existierende soziale Distanzierung, daß Krankheit und Sterben auch heute noch ein nicht selbstverständlicher Teil unseres sozialen Lebens geworden ist. Daneben steht die Erfahrung jener, die einen Menschen in seiner Krankheit und in seinem Sterben begleiten durften, die dieses Erlebnis als einen besonderen und wertvollen Teil ihres Lebens entdeckten.

Eine durch die soziale Gemeinschaft gebilligte Isolierung eines Kranken ist nur dann sinnvoll, wenn durch die Erkrankung eine Gefahr für die Gemeinschaft besteht. Dies aber ist für jeden von uns, und ganz besonders auch für uns als Sterbebegleiter, bis auf wenige Ausnahmen nicht gegeben. Dort, wo Ansteckungsgefahr besteht, haben wir gerade in den Industrieländern umfangreiche technische Hilfsmöglichkeiten, persönliche Vorsorge zu treffen, ohne daß wir auf eine menschliche und einfühlsame Sterbebegleitung verzichten müßten.

Mit den Grenzen unseres Körpers erfahren wir
oft auch die Grenzen sozialer Akzeptanz,
insbesondere dann, wenn unsere Mitmenschen
sich scheuen, den Grenzen der Körperlichkeit
als Teil des Lebens zu begegnen.

Körperpflege meint immer auch Pflege des Körperkontaktes und der Liebe zum eigenen Körper. In unserer Gesellschaft ist die Entwicklung soweit gegangen, daß wir, u. a. entwickelt aus den von der Gesellschaft geprägten moralischen Vorstellungen, unseren Körper in der Regel als Intimpflege begreifen und persönlich reinigen und pflegen möchten. Manchmal bitten wir aus praktischen Gründen unseren Partner, uns mal eben den Rücken einzucremen oder bei anderen für uns nicht leicht erreichbaren Körperstellen zu helfen. Häufig lassen wir aber nur dann jemanden an unsere Haut, wenn wir damit auch eine erotische Nähe verbinden. Der soziale Aspekt des Kraulens, Schubberns und Streichelns ist leider für den Alltag fast gänzlich abhanden gekommen. Und doch genießen wir es, wenn die Friseuse uns lange und kräftig die Kopfhaut wäscht oder der Masseur mit seinen Händen über unseren Rücken knetend sich vorarbeitet. Körperkontakt und Körperpflege sind eng miteinander verbunden. Und wenn der Körperkontakt durch einen anderen Menschen erfolgt, entsteht durch das Vertrauen, den anderen so dicht an sich herankommen zu lassen, auch eine wichtige soziale Beziehung.

Wenn wir uns nicht mehr berühren,
wie können wir ahnen, wie sich der andere (an)fühlt?

Die Symptome von Erkrankungen (v.a. Erschöpfung und körperliche Einschränkungen) bedingen, daß Menschen auf die Hilfe anderer angewiesen sein können. Alte, kranke und im Sterben liegende Menschen, die die Körperpflege nicht mehr allein bewältigen können, erleben die Abhängigkeit derartiger Hilfe oft als Erniedrigung. Mit der Körperpflege wird in ihre Intimsphäre eingedrungen, und sie erleben die Aufgabe eines weiteren Bereiches ihres *Selbst*. Wenn wir, die die Betroffenen begleiten, ihnen mit viel Respekt gegenübertreten, ihnen trotz allem ihre Würde lassen und uns immer wieder erkundigen, wie umfangreich und in welcher Art sie heute gerne die Körperpflege hätten, dann können wir manchmal verhindern, daß sie sich erniedrigt und wie ein *Kind* bevormundet und behandelt fühlen.

Vielleicht mögen Sie sich einmal für ein paar Minuten auf Ihrem Bett ausgebreitet hinlegen. Stellen Sie sich vor, wenn Sie sich nicht selber waschen könnten:

- Welche Eigenschaften müßte die Person besitzen, von der Sie sich gerne beim Waschen unterstützen lassen würden?
- Wie und in welcher Reihenfolge würden Sie gerne gewaschen werden? Gibt es Dinge, z.B. schöne Waschlappen, Seifen, Lotionen, die Ihnen besonders gut tun würden?
- Was wäre für Sie an dieser Situation ganz besonders unangenehm? Wie würde das Verhalten aussehen, welches Sie überhaupt nicht akzeptieren könnten? Sehen Sie Alternativen, wie man die Situation etwas variieren könnte?

Jede Behinderung, jede körperliche oder auch psychische und geistige Einschränkung bedingt ein anderes Verhalten in der Pflege. Wichtig ist aber, daß wir als Begleiter den Betroffenen immer in einem Gespräch mit in die Handlungen der Pflege miteinbeziehen. Wir fragen ihn nach dem nächsten Schritt und machen Angebote, wie es weitergehen könnte. Lassen Sie dem Betroffenen Zeit, Wünsche zu äußern und Alternativen zu wählen, erst dann hat er die Möglichkeit, sich nicht als *gepflegter Körper*, sondern als Mensch zu empfinden, der in seiner Körperpflege mit Respekt unterstützt wird. Dieses Verhalten des Begleiters braucht am Ende nicht mehr Zeit. Aber es benötigt vom Begleiter zunächst einer intensiven Auseinandersetzung mit seinem eigenen Verhalten und eine Zeit der möglichen Umstellung vom Routineablauf einer unspezifischen Körperpflege hin zu einer *persönlichkeitsorientierten Unterstützung der Körperpflege*.

Begleitender Angehöriger, heißt oft auch *die* Person zu sein, die das Vertrauen des Betroffenen besitzt, ihn körperlich pflegen zu dürfen. Der Kontakt über die Körperpflege ist kostbar in einer Sterbebegleitung, sollte aber den Sterbebegleiter nicht hindern, sich zusätzlich auch professionelle Hilfe zu holen, damit auch er selber sich und seinen Körper pflegen, einmal wieder sich ausschlafen und für sich und den Betroffenen genügend Zeit und Kraft entwickeln kann. Scheuen Sie sich nicht, die ausgebildeten Kräfte auch zu bitten, bewußt auf die Wünsche des Betroffenen einzugehen sowie Ihnen selber einige *Tricks* der Körperpflege beizubringen. Verbände, wie beispielsweise das *Deutsche Rote Kreuz*, die *Johanniter* oder die *Malteser* bieten oft auch praxisbezogene Seminare für pflegende Angehörigen an.

Berühren heißt sich begegnen.
In der Berührung des Körpers eines anderen Menschen
begegnen wir uns selber und dem anderen.

Durch die Begegnung spüren wir unsere Hände, ihre Kraft und ihre Bewegungen. Durch den Kontakt zu einem anderen Körper bekommen wir auch einen engen Körperkontakt zu unserem eigenen Körper. Durch die Berührung mit einem anderen lassen wir auch uns berühren. Wir spüren, wie unsere Berührung den Körper des anderen reagieren läßt: Seine Muskeln spannen und entspannen sich. Wir spüren, wie sich unsere Stimmungen auf unsere Bewegungen übertragen und diese den anderen unter unseren Händen spürbar werden lassen. Wenn wir uns erschöpft fühlen, werden auch unsere Hände dieses Gefühl auf den anderen übertragen. Wenn wir unzufrieden oder auch ärgerlich sind, werden unsere Bewegungen kraftvoll dies weitergeben. Unser Körper drückt in seinen Bewegungen unsere Gefühle aus. Mich ganz auf die Begleitung einlassen zu können meint, mich zuvor für die Zeit der Begleitung von meinen persönlichen alltäglichen Sorgen auch mal verabschieden zu können, damit diese der zu Pflegende nicht am eigenen Leibe zu spüren bekommt.

Gedanken zu einer angenehmen Körperpflege
- Akzeptieren Sie die Privat- und Intimsphäre des Betroffenen.

- Nehmen Sie zunächst Blickkontakt mit ihm auf und begegnen Sie sich in einem Gespräch. Körperkontakt beginnt langsam von äußeren Körperpartien zu den intimeren Körperzonen. Fragen Sie den Betroffenen immer wieder, bevor Sie Körperkontakt aufnehmen, ob es ihm recht ist.
- Mit der Berührung seines Körpers schenken Sie dem Betroffenen ein Stück soziale Akzeptanz und menschliche Würde. *Man mag mich berühren. Ich werde auch in meiner veränderten Körperlichkeit angenommen.*
- Berühren Sie den anderen nur mit angenehm warmen Händen.
- Werden Sie sich Ihrer Berührungsqualität, Druckintensität, Schnelligkeit der Bewegungen und Bewegungsform (flache Hand oder einzelne Finger), bewußt. Welche Gefühle übertragen sich durch Ihre Hände?
- Versuchen Sie nicht zu schnelle und hektische, aber auch nicht zögerliche Bewegungen zu machen. Selbstbewußt pflegende Hände tun gut und sind angenehm.
- Verändern Sie bewußt auch mal die Berührungsqualität, um die Berührung lebendiger zu gestalten. Fragen Sie den Kranken, welche Berührung er als besonders angenehm empfindet.
- Versuchen Sie, irritierende Bewegungen zu vermeiden: scharfe oder zu lange Fingernägel, rauhe Hände, irritierende Schmuckteile oder Textilien.
- Kontrollieren Sie sich auch selber: Riechen Sie nach Knoblauch, Rauch oder anderen Duftstoffen, die einen Kranken oftmals eher stören können als einen gesunden Menschen?

Einige kreative und praktische Ideen für die Pflegegestaltung
- Versuchen Sie das Waschen so phantasievoll wie möglich zu gestalten. Bieten Sie eine Auswahl an kleinen farbigen Seifen mit verschiedenen Duftstoffen an, oder ein paar Spritzer von Badezusätzen mit naturreinen ätherischen Ölen in das Waschwasser können sehr angenehm und anregend sein. Bieten Sie dem Betroffenen eine Auswahl von Farben und Duftstoffen an.

- Lassen Sie bewußt Waschlappen und Handtücher auswählen. Welche Farbe paßt zu welcher Stimmung?
- Beim Duschen, Baden oder Haarewaschen haben wir heute ebenfalls die Möglichkeit einer großen Auswahl von verschiedenen (Natur-)Produkten. Vermeiden Sie Ersatzstoffe, die die Haut sehr reizen und unangenehm auf den sensiblen Geruchssinn von Kranken wirken können.
- Eine Auswahl von Hautlotionen und Cremes in kleinen Tuben, frei von chemischen Duftstoffen, macht Lust, den passenden Duftstoff für die tagesabhängige Stimmung zu finden.
- Nicht nur bei der Haarwäsche, sondern auch im trockenen Haar, kann man die Kopfhaut durch *Kraulen* mit den Fingern angenehm anregen.
- Gerade bettlägrige Menschen haben den Eindruck, daß ihre Fingernägel schneller wachsen als zuvor. Das Schneiden von Nägeln ist für die Begleiter nicht immer ganz einfach, wird aber erleichtert, wenn Sie zuvor die Fingernägel in warmen Wasser einweichen.
- Die Mundpflege bei einem Gegenüber ist für uns zunächst ungewohnt. Neben der normalen Reinigung mit einer weichen bis mittelharten Zahnbürste empfinden viele Betroffene eine Mundmassage als sehr angenehm. Sie regt die Wahrnehmung der Mundhöhle an und fördert die Zungen- und Schluckmuskulatur. Angenehm sind für diese Massage auch einige wenige Tropfen ätherischen Pfefferminzöls. Die Massage kann der Betroffene mit Hilfe seiner Zunge bzw. der Pflegende mit Hilfe des sensiblen kleinen Fingers durchführen. Der Pflegende sollte zwischen den einzelnen Schritten immer wieder dem Betroffenen Zeit zum Schlucken und zur Entspannung der Kiefermuskulatur geben. Lassen Sie den Betroffenen einfach ein paar mal herzhaft gähnen. (Oft reicht bereits das Erwähnen des Wortes *Gähnen*, und schon ...) Das Schlucken kann auch von außen durch einen leichten Druck gegen den Mundboden gefördert werden. Vergewissern Sie sich immer wieder, daß diese Massage dem Betroffenen angenehm ist, und unterbrechen Sie sofort, wenn Sie merken, daß die Massage ihn überfordert.

Wiederholen Sie jeden Schritt dreimal:
1. äußere untere und obere Zahnreihe am Zahnfleisch entlang streichen,
2. innere untere und obere Zahnreihe am Zahnfleisch entlang streichen,
3. kreisend von vorn bis zur Mitte des harten Obergaumens massieren.
4. Im Uhrzeigersinn im Ziwischenraum zwischen den Lippen und der äußeren Zahnseite vorsichtig streichen.
5. Mit geschlossenem Mund, kauend die Muskulatur entspannen.
6. Einen *Luftball* im Mund von einer Wangentasche in die andere schieben und damit im Mund spielen.
7. Wie ein Karpfen den Mund entspannt weit auf und zu klappen lassen.
8. Den Unterkiefer weit nach unten entspannt fallen lassen: *gähnen*.

Zu speziellen Themen der Pflege, wie beispielsweise Pflege bei Druckstellen oder günstige Lagerung des Körpers, sind im Handel sehr gute Bücher erhältlich. (s. a. *Duda*)

Über Geruchssinn und Geschmackssachen

Durch Alter und Krankheit kann sich die Sensibilität des Geruchs- und Geschmackssinns verringern. Plötzlich schmeckt die Lieblingssuppe versalzen, und die sonst so geschätzten Pralinen scheinen übersüßt. Wenn der Geruchs- und Geschmackssinn irritiert ist, dann sind auch wir irritiert. „Ist nun die Suppe versalzen, oder liegt es daran, daß ich nicht mehr richtig schmecken kann?" Veränderungen unserer Sinneswahrnehmungen verändern auch unser Selbstbewußtsein. Wenn wir etwas nicht mehr sicher identifizieren können, überprüfen wir unsere Erfahrungen und letztendlich unsere eigene Prüffähigkeit. Dies kann ein sehr schmerzvolles Erleben sein, voller Unsicherheit, ob man nun nur die Suppe salzig geschmeckt hat oder ob sie wirklich heute versalzen ist. In

Kliniken und Altenheimen werden täglich Pfleger von Patienten ungehalten gerügt, weil angeblich die Kantine ein versalzenes Essen geliefert hat. Noch zu selten begegnen die Pfleger dieser Irritation der Sinne mit Verständnis. Aufklärung für Pfleger und Betroffene ist notwendig, denn gerade die Betroffenen verlieren so die Freude am Essen, und diese Unlust wird häufig von den Pflegern erneut mißgedeutet. Eine gute Alternative für die Betroffenen wäre, die Speisen möglichst kaum, v.a. mit Salz, zu würzen, statt dessen würden aber den Betroffenen selber frische oder gefriergetrocknete Kräuter und Gewürze zur Verfügung stehen. So kann der Betroffene selber je nach Tagesverfassung der Geschmacksnerven seine Speisen würzen.

Das Erleben eines angenehmen Duftes entsteht aus einer Komposition von verschiedenen Geruchswahrnehmungen. Sind die Geruchsnerven durch Alter oder Krankheit eingeschränkt und werden nur noch bestimmte Geruchsbereiche wahrgenommen, dann entwickeln sich Geruchsirritationen. Der so geliebte Morgenkaffee wird plötzlich als übelriechend empfunden, oder das warme Essen ist für den Betroffenen im Geruch unangenehm, so daß er Übelkeit und Appetitlosigkeit verspürt.

Als Begleiter haben wir die Möglichkeit, gemeinsam mit dem Betroffenen auf die Suche zu gehen, welche Dinge für ihn noch angenehm zu schmecken bzw. zu riechen sind und welche er als unangenehm empfindet. Es ist wichtig, den Betroffenen in seiner Not ernstzunehmen. Nur so kann man ihm zu Selbstzweifeln und einer möglichen sozialen Einsamkeit, die durch die Geschmacks- und/oder Geruchsirritationen auftreten können, eine Alternative bieten.

Erleben des Geruchs- und/oder Geschmackssinns.
■ Kleine Teile von beliebtem Obst im Mund nachspüren lassen. Apfelsine und Mandarine sind wegen ihrer Fruchtigkeit sehr beliebt, haben aber einen hohen Säuregehalt. Erdbeeren, Himbeeren und Blaubeeren haben interessante Formen und Geschmacksnoten zu entdecken. Kugeln aus Wasser-

melone oder reifen Papaya kann man mit einem kleinen Eierlöffel in kleinen Portionen vorbereiten. Diese Fruchtsorten haben wenig Fruchtsäure und sind daher gut verträglich.

- Wenn das Essen nicht mehr gut schmeckt, dann kann man auch einfach einmal das Lieblingsessen nur kochen, damit der Betroffene genußvoll an ihm schnuppert.
- Zweige, Blätter und Blüten zum Schnuppern herbeiholen: Tannen-, Fichtenzweige und -nadeln, Rose, Fresien usw.
- An der Schale oder an Fruchtteilen von heimischem und exotischem Obst riechen lassen.
- Verschiedene naturreine ätherische Öle zur Auswahl anbieten. Ein paar Tropfen eines Öls in eine Schale mit Wasser auf die Heizung oder auf ein Teestöfchen stellen.

Wir essen mit den Augen. Wenn die Freude am Essen zu vergehen scheint, sind es gerade die kleinen Dinge rund um das Essen, die die Mahlzeit wieder interessant gestalten können. Das Essen ist ein gemeinschaftliches, ein soziales Ereignis. Es wäre schön, wenn alle Beteiligten in einer Familie gemeinsam die Mahlzeit einnehmen könnten. Benötigt der Betroffene beim Essen Hilfe, fordert dies von allen Beteiligten Geduld. Manchmal wird der Betroffene zuerst bedient, dann aber gibt es auch Tage, wo die Familienmitglieder zuerst ihre Mahlzeit essen und der Betroffene solange wartet, bis einer aus der Familie ihm weiterhelfen kann.

Kann der Betroffene nur im Bett liegend essen und ist dieses Bett außerhalb des Familienraumes, haben wir viele Möglichkeiten, seinen Raum zu den Mahlzeiten besonders attraktiv herzurichten. Die kleinen Aufmerksamkeiten helfen nicht nur Zeit und Raum von der restlichen Tages- und Nachtzeit zu unterscheiden, vielmehr bieten wir dem Betroffenen eine Möglichkeit, sich erwartungsvoll auf die Essenszeit zu freuen und möglicherweise über den Spaß Appetit zu entwickeln.

Kleine Anregungen zur Gestaltung der Mahlzeiten
- Auswahl von verschiedenfarbigem Geschirr und Besteck.
- Bunte Servietten als Platzdeckchen unter den Teller nehmen.

- Das Essen mit Salat, rohem Gemüse oder Obst garnieren.
- Die Mahlzeiten abwechslungsreich gestalten und die Portionen lieber klein halten. Eine Portion aufessen können, vielleicht sogar vom Essen nachnehmen wollen, motiviert
- Einfach mal einen *Überraschungsteller* mit kleinen mundgerechten und hübsch dekorierten Schnittchen servieren.
- Im Essensplan auf die Wünsche des Betroffenen einzugehen versuchen. Was sind seine Lieblingsgerichte? Welche Zutaten mag er am liebsten?

Die Sätze *„Sie müssen aber doch etwas essen!"* oder *„Iß (mir zuliebe) noch eine Kleinigkeit!"* sind keine Motivation für den Betroffenen. Mit diesen Formulierungen drücken wir eher unsere eigenen Sorgen aus, zeigen wir, daß wir seine Bedürfnisse momentan nicht annehmen können. Wenn ein Betroffener nicht essen oder trinken möchte, ist es wichtig, zunächst den Grund dafür herauszufinden. Schmerzen, Übelkeit oder andere körperliche Gründe, aber auch Streß und seelische Not können die Freude am Essen verhindern. Gerade wenn ein Mensch im Sterben sich Schritt für Schritt von der Körperlichkeit entfernt, kann auch der Wunsch nach Essen und Trinken geringer werden. Der Sterbende wird uns klar zu Verstehen geben, daß ihm die Nahrungs- oder auch Flüssigkeitsaufnahme unangenehm ist. Dies ist kein Zeichen einer Selbsttötung durch Nahrungsverweigerung, vielmehr ein folgerichtiger Schritt hin zu einer weiteren Loslösung vom Leben hin zum Sterben. Sterbende verspüren oft keinen Hunger mehr, können dennoch einen für sie unangenehm trockenen Mund empfinden. Ein Befeuchten der Lippen und des Mundinnenraumes kann dann für sie sehr angenehm sein. Lassen Sie sich von den Bedürfnissen des Sterbenden leiten. Wenn er nicht mehr sprechen kann, seine Mimik wird Ihnen sagen, was ihm angenehm ist.

Den kranken und schmerzenden Körper sinnlich erleben

„*Alte und kranke Menschen haben kein Bedürfnis nach sinnlichem Erleben!*" Nur schwer kann man als Begleiter von alten und kranken Menschen diesen Satz nachvollziehen. Wenn wir *sinnliches Erleben* nicht nur mit Sexualität gleichsetzen, so können wir davon ausgehen, daß Menschen, die in ihrem Leben *Sinn für ihre Sinne* hatten, dieses auch nicht im Alter oder in der Krankheit missen möchten. Menschen erleben auch im Alter und in Zeiten der Krankheit sowie in ihrer letzten Lebensphase sinnlich. Allein wenn Menschen Schmerzen ertragen müssen oder körperlich und seelisch erschöpft sind, bevorzugen sie es, sich mit ihren Sinnen zurückzuziehen.

Sinnliches Erleben des Körpers bedeutet einen sinnlichen Kontakt, einen positiven und lebendigen Kontakt zu dem eigenen Körper zu erfahren. Die eigene Akzeptanz seiner individuellen Körperlichkeit entwickelt sich immer auch durch die sinnliche Beziehung zu ihm. Und wie ein jeder seinen eigenen Körper auf diese Weise zu akzeptieren versucht, so ist ein sinnlicher Körperkontakt durch eine andere Person eine hoch einzuschätzende Bestätigung der sozialen und liebevollen Beziehung.

Jeder von uns, ob gesund oder krank, hat Phasen, in denen er sich gesundheitlich einmal mehr, einmal weniger gut fühlt. Ein an Krebs oder ein an AIDS unheilbar Erkrankter hat beispielsweise das gleiche Recht auf sinnliches Erleben wie wir. Es gibt dafür gute und weniger gute Zeiten, in denen man dafür offen ist. Mit zunehmender Schwäche entwickelt sich das sinnliche Erleben für Schwerkranke und Sterbende auf einem nicht-körperlichen Bewußtsein weiter.

Viele Menschen denken, ein Mensch, der krank ist und vielleicht sogar irgendwelcher medizinischer Hilfsmittel bedarf, könne keine Sexualität mehr leben. Die Liebe, die die Lebenspartner verbindet, mündet oft allein in eine hingebungsvollen Pflege. Die Erotik ist irgendwo zwischen den vielen körperlichen und seelischen Anforderungen versunken. Es gilt, diesen Menschen Mut zu machen, nach neuen Wegen der Erotik zu suchen. Es gibt *so* viele Möglichkeiten, miteinander körperlich seine Liebe auszutauschen, wie es Menschen gibt. Jede Partnerschaft hat ihre ganz individuelle Art, ihre Gefühle zu zeigen und ihre Erotik zu leben. Nehmen Sie sich die Freiheit, sich einen eigenen Raum zu schaffen, der es erlaubt, ihre Liebe auch auf dieser Ebene weiter teilen zu dürfen. Möglichkeiten und Grenzen setzen allein die Partner im Miteinander. Zutaten für einen erotischen Ausflug sind ein gemeinsamer Humor, das Lachen und die Erinnerung an schöne, romantische wie auch witzige erotische Lebensmomente.

Jeder Mensch ist auf den Austausch von sinnlichem Erleben angewiesen, möchte er körperliche Geborgenheit durch den anderen erleben. Der herzliche Händedruck, die Umarmung oder auch nur das sensible Waschen des Gesichtes sind sinnliche Angebote, jedoch nicht im Sinne der erotischen Beziehung, vielmehr im Sinne der sozialen Akzeptanz und des gemeinschaftlichen Körperkontaktes. Wenn wir Rücksicht auf die Privatsphäre unseres Gegenübers nehmen wollen, dann werden wir uns langsam, Schritt für Schritt nähern. Es gilt, nicht gleich den noch Unbekannten voller wenn auch ernst gemeinter Herzlichkeit in den Arm zu nehmen. Wir zeigen ihm gegenüber ebenso Respekt, wenn wir uns auch trauen, eben diese Herzlichkeit mit einem ruhigen Händedruck zum Ausdruck zu bringen. Lassen wir dem Betroffenen die Gelegenheit, uns zu signalisieren, wann wir uns ihm nähern dürfen, wie und wann er welche Art von Annäherung verträgt.

Angebote an das sinnliche Erleben sind immer dann angebracht, wenn zwischen beiden Partnern ein vertrauensvolles Verhältnis aufgebaut wurde. Es gilt, dem Partner zu zeigen, daß er jederzeit das Angebot zum sinnlichen Erleben auch ablehnen kann, ohne daß dadurch die Beziehung leiden würde. Im folgenden werden Ideen aufgezeigt, die das sinnliche Erleben bestärken. Fragen Sie zwischendurch, ob es dem Betroffenen angenehm oder unangenehm ist. Unterbrechen Sie notfalls.

Berühren kann wunderbar entspannen und damit auch zu einem besseren Körpergefühl sowie zu einer kurzfristigen Erleichterung von Schmerzen führen. Das leichte Massieren einzelner Körperteile empfinden viele Menschen als sehr angenehm. Wir können einem Menschen die Hände und Arme, die Füße und Beine massieren oder aber auch seinen gesamten Rücken, wenn die Bauchlage oder eine Sitzhaltung nicht unangenehm ist. Es ist nicht notwendig, eine bestimmte Massagetechnik zu lernen, nur sollte man nicht versuchen, zu sehr in die Tiefe zu *kneten*. Im Zweifel besprechen Sie sich bitte zuvor mit dem behandelnden Arzt, u.a. auch bzgl. der Auswahl von Massageölen. Schaffen Sie einen Raum der Entspannung, der Ruhe und des warmen Lichts. Der Raum sollte zuvor kräftig gelüftet werden und zur Zeit der Massage angenehm warm sein. Ihre Hände sollten angenehm warm sein. Massieren Sie nur Bereiche des Körpers, die dem Betroffenen angenehm und welche frei von Wunden und akuten Schmerzen sind. Das Kitzelgefühl an den Füßen kann vermieden werden, indem Sie gleichzeitig an den Unterschenkelseiten entlangstreichen: außen in Richtung Füße, innen zum Herzen. Alle Massagebewegungen sollten in Richtung Herz laufen, und der Abschluß bildet ein *Abstreichen* im Nacken: mit den flachen Händen von den Haaren über den Nacken auf die Schultern. Bei all diesen Massagen ist das Wohlbefinden des Betroffenen Leitfaden für Ihr Handeln. Wenn der Betroffene sich unwohl fühlt, unterbrechen Sie sofort Ihre Massage. Zum Abschluß der Massage sollte der Behandelte am besten noch ein wenig ruhen und dann sich langsam erheben und, wenn möglich, sich etwas bewegen.

Angenehme und entspannende Körperberührung kann man auch mit Hilfe von einem breiten, weichen Schminkpinsel erreichen. Besonders gut tut die Bewegung mit einem Pinsel auf der Linie vom Nasenansatz, über die Wangenknochen hinab zu den Ohren. Wenn Sie diese Bewegung langsam, aber nicht zu zögerlich, einige Male beidseitig wiederholen, kann sich ein angenehmes Wohlbefinden einstellen. Wenn der Betroffene noch in einem Sessel sitzen kann, so ist es manchmal sehr angenehm, die Füße eigenständig über ein Kissen, gefüllt mit getrockneten Erbsen, zu rollen. Bei dieser Massage werden alle Fußreflexzonen berührt, sie wirkt somit auf alle Bereiche des Körpers.

Vielleicht haben Sie aber auch Lust, einmal beim Waschen des Gesichtes eines Massage anzubieten, bei der der Betroffene selber aktiv sich beteiligen kann. Fragen Sie den Betroffenen, ob es ihm angenehm ist, wenn Sie ihm einen warmen Waschlappen oder ein Tuch auf das Gesicht legen. Mit Ihren Fingern werden Sie nun behutsam nacheinander die Gangarten verschiedener Tiere imitieren, die von dem Betroffenen erraten werden müssen. Wenn Sie versuchen, die Augengegend zu vermeiden, empfinden viele Menschen diese Gesichtsmassage als besonders angenehm. Gut eignen sich Tiere wie hüpfende Gazelle, schwerer Elefant, springendes Känguruh, galoppierendes Pferd, schlängelnde Schlange, huschende Maus, krabbelnde Ameise usw.

Sicher kennen Sie noch das Ratespiel, bei dem man Buchstaben und Zahlen auf den Rücken eines anderen schreibt. Dieses Spiel ist besonders angenehm für Menschen, die viel auf dem Rücken liegen und nur für kurze Zeit einmal z. B. auf der Bettkante zum Sitzen kommen. Zu Beginn des Ratespiels streichen Sie einmal den Rücken mit einer flachen Hand, dann mit Ihren Fingerkuppen, und schließlich *krabbeln* Sie mit den Fingern über den Rücken, damit die sensible Aufmerksamkeit ganz auf diese Körperregion gelenkt ist. Beginnen Sie nun mit einer Zahl, die Sie groß und langsam auf den Rücken des Betroffenen mit ihrem Finger schreiben. Der Mittelteil des Rückens ist für dieses Spiel besonders sensibel. Mehrteilige Zahlen, Buchstaben oder auch Symbole (z. B. Pfeil) steigern mitunter die Lust am Raten und das Wohlgefühl am Rücken.

Wenn der Betroffene in der Lage ist und er es als angenehm empfindet, bieten Sie ihm doch einmal ein schönes Bad bei Kerzenschein an. Temperieren Sie Badezimmer und Badewasser angenehm. Vielleicht mag der Betroffene sich einen besonderen Badezusatz aussuchen. Ein Kissen, um den Kopf zu lagern, und eine rutschsichere Matte in der Badewanne verhindern Unfälle. Ein Teelicht in einer schönen Holz- oder Glasfassung wird auf einer sicheren Ablage am Ende der

Badewanne in Blickhöhe gestellt. Duschvorhang, Handtuch und sonstige Dinge, die brennbar wären, sollten vorsorglich entfernt werden. Vielleicht gibt es eine schöne Musik, die die Stimmung noch unterstreicht. Dann aber, sofern es dem Betroffenen angenehm ist, überlassen Sie das Badezimmer, das allein von dem einen Kerzenlicht erhellt wird, den Träumen des Betroffenen. Die aufsteigenden Wasserdämpfe, die schönen Lichtspiegelungen und Schattenspiele geben viele Anreize, die Gedanken treiben zu lassen. Wichtig dennoch ist eine Klingel oder ähnliches, mit dem der Betroffene jederzeit um Hilfe rufen kann.

Den kranken und schmerzenden Körper sinnlich erleben, meint aber auch versuchen, dann den Körper sinnlich zu unterstützen, wenn er gerade mit Schmerzen leben muß. Wenn ein Kind hinfällt, werden sein Schreck und seine Schmerzen dadurch beruhigt, daß seine Eltern es in den Arm nehmen und an der schmerzenden Stelle pusten. Unser Schmerzempfinden ist kurzfristig durch andere Reize zu überlisten. Oft erleben von Schmerz Betroffene den Reiz des Streichelns an nichtschmerzenden Stellen als wohltuend.

Aber es gibt auch noch andere Wege, über unsere Sinne Schmerzen zu begegnen. Wenn wir uns auf das Malen von Farben einlassen und uns auf diese Tätigkeit konzentrieren, sind wir nicht nur teilweise von den Schmerzen abgelenkt, auch können bestimmte Farben eine positive Wirkung auf unser körperliches Empfinden haben. Wenn Sie mögen, probieren Sie zunächst einmal selber das Spiel mit Farben aus. Improvisieren Sie mit den Farben, und malen Sie ruhig auch mal gegenstandslos, lassen Sie die Farben sich verselbständigen. Nehmen Sie nur die Farben, welche Ihnen gerade gut tun. Wenn Ihnen beispielsweise das Grün besonders gut gefällt, so malen Sie ruhig auch mal ein ganzes Bild nur mit verschiedenen Grüntönen aus.

Nicht immer sind wir uns all unserer Sinne bewußt. Ein kleines Ritual zeigt uns auf, wie erlebnisreich und *sinnvoll* unser Alltag verläuft. Versuchen Sie sich einmal jeden Abend vor dem Einschlafen kurz zu vergegenwärtigen: Was habe ich heute Angenehmes ...

- ... über den Mund wahrgenommen?
- ... über die Nase wahrgenommen?
- ... über die Augen wahrgenommen?
- ... über die Ohren wahrgenommen?
- ... über die Haut wahrgenommen?

Es sind oft die kleinen Dinge, die uns dann einfallen: Eine grüne Erbse, die heute zum Mittag besonders süß geschmeckt hat oder die gelbe Farbe, die in einem Bild besonders schön war. Über Rituale wie dieses werden wir unserer Sinne erneut bewußt. In der Begleitung von alten, kranken und sterbenden Menschen kann dieses Ritual hilfreich sein, dem Betroffenen den noch vorhandenen Reichtum von Sinneseindrücken wieder erlebbar zu machen.

Aber: Trauer über die durch Alter und Krankheit verblaßten bzw. verlorengegangenen Sinneseindrücke darf auch aufkommen. Hier gilt es, für ihn da zu sein. Manchmal kann nach und nach aus der Trauer vielleicht ein Weg gefunden werden, diesen Verlust ins Leben mit einzubeziehen, in dem man ein Symbol für einen Sinneseindruck findet. „Als Sie damals noch den Duft einer Zitrone riechen konnten, womit haben Sie diesen Duft in Verbindung gebracht?" „Mit meiner ersten Reise nach Italien, Sonne, Wärme, der Farbe Gelb ...." Überraschen Sie den Betroffenen bei einem nächsten Besuch mit einer schönen gelben Blume. Fragen Sie, ob er Ihnen seine Italien-Erinnerungen erzählen mag und Fotos zeigen möchte. Vielleicht aber kann auch eine schöne Ansichtskarte oder ein Gemälde einer Italienansicht zu einem schönen Gespräch über seine Erinnerungen Anreiz bieten.

> *Sinnliche Erlebnisse entwickeln sich für uns dann zu einem wertvollen Ereignis, wenn die Sinneseindrücke Erinnerungen in uns wachrufen können.*

IV. Die Gesprächsgestaltung

Im allgemeinen empfinden wir es als angenehm, wenn jemand seine Aufmerksamkeit uns zuwendet, wenn er sein Wort an uns richtet oder sein Ohr uns leiht. Insbesondere wenn wir uns körperlich nicht wohl fühlen, wenn unsere Stimmung bedrückt ist und wir von Gedanken geplagt sind, empfinden wir ein Gespräch mit einem Menschen unseres Vertrauens angenehm und wohltuend.

Der Anfang eines Gespräch kann schon durch einen Blickkontakt entstehen. Unser Körper signalisiert mit Hilfe von Gestik und Mimik, ob wir zu einem Gespräch bereit sind. Wie lange und wie intensiv der Austausch stattfindet, bestimmen beide Gesprächsteilnehmer, wobei der Sterbebegleiter den Betroffenen nie mit Fragen bedrängen sollte. Es sollte dem Betroffenen überlassen sein, die Möglichkeiten und Grenzen des Gesprächsfeldes zu stecken sowie Themen zu bestimmen. Der Begleiter kann das Gespräch anbieten, vor allem aber kann es hilfreich sein, dem Betroffenen, sollte er zur Zeit kein Gespräch wünschen, ihm zu versichern, daß der Begleiter auch zu einem späteren Zeitpunkt gerne für ein Gespräch bereit ist.

Wie aber sprechen wir am besten miteinander? Welche Möglichkeiten der Gesprächsgestaltung besitzen wir? Vielleicht mögen Sie sich für eine kleine Übung eine Person Ihres Vertrauens suchen. Setzen Sie sich beide gegenüber und erzählen Sie ihrem Partner, was Sie heute morgen alles erlebt haben. Vermeiden Sie unter allen Umständen, ihrem Gesprächspartner dabei in die Augen zu schauen. Nach etwa fünf Minuten unterbrechen Sie Ihren Bericht. Setzen sich nun zu einem Gespräch zusammen, indem Sie sich austauschen, wie jeder von Ihnen sich gefühlt hat. War es angenehm oder unangenehm, den anderen beim Gespräch nicht anzuschauen? Fiel es Ihnen sehr schwer, den Blickkontakt zu vermeiden? Erinnern Sie sich, ob Sie an einer bestimmten Stelle im Bericht vielleicht doch Ihren Gesprächspartner anschauten? Was für eine Stelle war das, wovon haben Sie gerade berichtet? Wie ging es dem Zuhörer? Was war ihm angenehm, was unangenehm? Hat er den Blickkontakt gesucht? Erinnert er sich, wohin sein Blick schließlich schweifte? Konnte er sich auf den Bericht konzentrieren, oder kamen ihm währenddessen andere Gedanken? Erinnern Sie und Ihr Gesprächspartner sich an ähnliche, bereits erlebte Situationen? Was haben Sie damals über Ihr Gegenüber gedacht? Wenn Sie mögen, versuchen Sie ein zweites Gespräch. Diesmal versucht der Zuhörer, den Blickkontakt zu vermeiden. Besprechen Sie im Anschluß daran Ihre Empfindungen.

Mit dem ganzen Körper sprechen

Wir sprechen nie allein mit dem Mund. Der ganze Körper, Gestik und Mimik, geben über unsere Befindlichkeit Auskunft, verraten unserem Gegenüber, ob wir ihn mögen und wie lange wir noch mit ihm sprechen wollen. Es sind oft nur kleine Bewegungen im Gesicht, das Verkleinern der Augen, das Verschieben der Mundwinkel, das leichte Schrägstellen des Kopfes oder ein uns zugeneigter Oberkörper. Die Körpersprache erzählt uns, ob unser Partner Sympathie oder Antipathie für uns entwickelt, Interesse oder Desinteresse an unserer Begegnung hat.

Die erste Information in einer Begegnung erhalten wir aus den Augen unseres Gegenübers. Wir versuchen in seinen Augen zu *lesen*, ob und mit welcher Aufmerksamkeit er uns zuhört, ob er das, was wir ihm erzählen glaubt und schließlich, ob er uns mit dem, was wir darstellen, akzeptiert und annimmt. Solange wir die Sehkraft besitzen, beginnen wir jede Kommunikation zunächst über den Augenkontakt mit unserem Gesprächspartner. Das ruhige Wechseln des Blickkontaktes, vom Partner zur Umgebung und wieder zurück, wird in einem ausgeglichenen Gespräch als angenehm empfunden. Bleiben die Augen zu lange auf das Gegenüber fixiert, fühlt der Partner sich unangenehm beobachtet oder sogar bedroht.

Die Sehkraft von Sterbenden kann eingeschränkt oder verloren sein. Oft auch werden die Augenlider aus Gründen der Erschöpfung geschlossen, ein Augenkontakt ist somit nur begrenzt oder gar nicht möglich. Kontaktaufnahme erfolgt in diesen Fällen zum Teil allein über das gesprochene Wort. In dieser Situation wird die Bedeutung der Stimmhöhe und der Sprechgeschwindigkeit besonders deutlich. Als angenehm wird in der Regel eine ruhige, ausgeglichene Sprechweise in mittlerer Tonlage empfunden. Hektische, schnelle und aufgeregte Sätze, die dazu noch in sehr hohen oder sehr tiefen Tonlagen gesprochen werden, sind eine große Anforderung an die Hörkonzentration des Betroffenen und können Streß, Überforderung und Ermüdung auslösen. Eine innere Ausgeglichenheit und angemessene Fröhlichkeit werden sich auch auf Ihre Stimme und damit auf die Gesprächsatmosphäre übertragen. Salbungsvolle Worte, mit getragener Stimme vorgetragen, werden nur selten einen Sterbenden beglücken. Auch eine bemitleidende Sprechweise wird eher eine emotionelle Belastung verursachen, als ein hilfreiches Gespräch ermöglichen.

Versuchen Sie, sich vor einem Gespräch über Ihre eigenen Gefühle bewußt zu werden.

- Haben Sie ein ehrliches Interesse an der Begegnung mit dem Sterbenden?
- Was befürchten Sie?
- Was möchten Sie ihn fragen?
- Worauf freuen Sie sich?
- Was möchten Sie ihm berichten?
- Gibt es eine lustige Anekdote aus Ihrem Alltag, die Sie ihm als Geschenk mitbringen könnten?

Bleiben Sie sich und Ihrem Gesprächspartner gegenüber ehrlich. Eine falsche Fröhlichkeit wirkt schlimmer, als ein ehrliches Wort. Wenn Sie unsicher sind, sprechen Sie mit den

Angehörigen oder Sterbebegleitern über ihre Befürchtungen.
Bitten Sie auch den Betroffenen im Gespräch selber um Rat.

- Soll ich vielleicht etwas lauter sprechen?
- Auf welchem Ohr kannst du besser hören?
- Interessiert dich, was ich gestern nachmittag erlebt habe?
- Wollen wir morgen weiterreden, vielleicht möchtest du
  dich jetzt lieber noch ausruhen?

Zeit für die Begegnung finden

Überlegen Sie vor einem Besuch, ob Sie derzeit für die Begegnung genügend Zeit aufwenden können. Vielleicht helfen die
folgenden Fragen Ihnen, die Begegnung gut vorzubereiten.

- Warum möchten Sie ihn besuchen?
- Was habe ich vorher und hinterher zu erledigen?
- Wieviel Zeit bleibt mir für einen ruhigen Besuch?
- Wäre die Zeit ausreichend für ein möglicherweise längeres
  Gespräch?
- Wie kann ich ihm erklären, daß die heutige Begegnung be-
  grenzt ist?
- Kann ich ihm ein längeres Gespräch zu einem späteren Ter-
  min zusichern?
- Möchte ich ihm versprechen, ob und wann ich ihn wieder
  besuchen werde?

Versuchen Sie sich und dem Betroffenen gegenüber ehrlich zu
sein.

Themen wie *Altern, Krankheit* und *Sterben* sind uns so ent-
fremdet, daß wir uns manchmal überfordert fühlen, wenn wir
uns mit ihnen konfrontiert sehen. Manchen Menschen ist es
aus Furcht vor medizinischen Apparaturen und damit assoziier-
tem menschlichem Leid kaum möglich, einen Patienten auf
einer Klinikstation zu besuchen. Andere zögern, aus Scheu, eine Privat- und Intimsphäre zu verletzen, einem Sterbenden an
seinem Bett daheim einen Besuch abzustatten. In den meisten
Fällen ist unsere Furcht begründet durch die Angst einer emo-

tionalen Identifizierung mit dem Sterbenden: Wie würde es mir gehen, wenn ich an seiner Stelle dort liegen würde?

Beginnen Sie den Schritt zur Begegnung mit Hilfe eines Gespräches. Vielleicht besteht die Möglichkeit, mit dem Betroffenen selber oder einem seiner Begleiter am Telefon über die Wünsche des Betroffenen zu sprechen.

- Wie geht es ihm zur Zeit?
- Fühlt er sich kräftig genug, und würde er sich über einen Besuch freuen?
- Zu welcher Tageszeit wäre es ihm am liebsten?
- Wo wird das Gespräch stattfinden?
- Wäre es dem Betroffenen angenehm, vielleicht auch einmal im Rollstuhl den Ort zu wechseln?
- Gibt es eine Zeitbeschränkung für den Besuch (durch Tagesablauf, Therapie, etc.)?

Vereinbaren Sie den Besuch terminlich genau, und hinterlassen Sie eine Rufnummer, wo man Sie erreichen kann. Es kommt vor, daß sich kurzfristig eine Veränderung ergibt und ihr Besuch abgesagt oder verschoben werden muß. Fragen Sie, ob Sie dem Betroffenen einen besonderen Wunsch erfüllen können, ob Sie ihm etwas mitbringen können.

Versuchen Sie den Besuchstermin so zu planen, daß er mit ihrer beider Wünsche übereinstimmt. Vor allem aber achten Sie auch darauf, daß Ihnen genügend Zeit vor und nach dem Besuch bleibt. Gerade weil der Sterbende aus unserem vom Zeitfaktor stark beeinflußten Alltag herausgenommen ist, erleben wir häufig auch sein Lebensumfeld in einem der alltäglichen Hektik fernen Tempo. Als Besucher brauchen wir manchmal eine Weile, uns auf dieses neue Tempo umzustellen. Kleine ruhige Spaziergänge vor und nach dem Besuch beispielsweise können nicht nur die innere Umstellung erleichtern helfen, sie bieten auch Gelegenheit, unsere alltäglichen Gedanken für einen Moment beiseite zu stellen bzw. nach dem Gespräch noch einmal in aller Ruhe den Eindrücken der Begegnung nachzuhängen. Gönnen Sie sich mindestens eine Viertelstunde vor und nach dem Gespräch.

Haben Sie nur eine begrenzte Zeit für die Begegnung zur Verfügung, seien Sie so ehrlich und erklären Sie zu Beginn des Gesprächs dem Betroffenen, wann und warum Sie sich zu einem bestimmten Zeitpunkt verabschieden müssen. *„Diese Zeit gehört jetzt nur unserem Gespräch. Um vier Uhr werde ich dann aufbrechen müssen, um die Kinder vom Sport abzuholen."*

Kalkulieren Sie von vornherein zehn Minuten für einen Abschied ein, damit Sie sich gemeinsam in aller Ruhe verabschieden können.

Mit offenem Ohr und ehrlichem Interesse

Gespräche zwischen einem alten oder kranken Menschen und seinem Begleiter beinhalten naturgemäß immer auch Themen, welche sich auf die körperliche und seelische Kondition des Betroffenen beziehen. Aber je mehr auch das Gespräch sich mit ganz alltäglichen Themen und Interessensgebiete beider Gesprächsteilnehmer befaßt, um so abwechslungsreicher und fruchtbarer wird die Begegnung für beide.

Ein Vermeiden oder Unterdrücken von Themen, die dem Betroffenen wichtig wären, kann sowohl auf die Sorge des Betroffenen wie auch des Begleiters hindeuten, der andere könne durch die Ansprache des Themas bedrückt oder verletzt sein.

Als Begleiter sollten Sie nicht auf die Aussprache von Themen drängen. Der Betroffene wird Ihnen ein Zeichen geben, wenn er sprechbereit ist. Sollte er beispielsweise Ihnen gegenüber erwähnen, daß *ihn noch etwas bedrücke, er sich Sorgen mache* oder *er schlecht schlafen und träumen würde,* dann können Sie – wenn Sie mögen – ihm zeigen, daß Sie für ihn *ein offenes Ohr* haben. Vielleicht zeigen Sie ihm mit dem kurzen, ruhigen Schließen Ihrer Augen, einem annehmenden Lächeln oder ein paar Worten, daß Sie seinen Appell verstanden haben, aber drängen Sie ihn nicht, sich Ihnen anzuvertrauen. Bieten Sie ihm an, daß er, wenn er mag, Ihnen mehr darüber erzählen kann. Daß es aber ebenso in Ordnung ist, wenn er das Gesagte einfach mal so stehen lassen möchte. Versichern Sie ihm, daß Sie das Gesagte vertraulich behandeln. Und wenn er Sie fragt, was Sie meinen, was alles zu bedeuten hat, dann lassen Sie sich nicht dazu verleiten, die Geschehnisse, womöglich das Verhalten und das ganze Leben des Sterbenden zu analysieren und zu interpretieren.

Geduld zum Zuhören entwickeln

Eine eigene innere Ausgeglichenheit und ein Zuhören ohne Erwartungen an Inhalt und Tempo des Gespräches sind die besten Voraussetzungen, die nötige Geduld beim Zuhören entwickeln zu können.

Ungeduld ist immer auch ein Zeichen, daß wir uns etwas anderes von dem Gespräch erwartet haben. Uns scheint die Zeit unangemessen *ausgenutzt* zu werden. Die Gesprächspartner besitzen nicht dasselbe Gesprächstempo bzw. -thema, sind nicht im Einklang.

Die Phantasie, daß ein Gespräch nicht nur durch Worte gestaltet wird, sondern daß gerade die Wahrnehmung von körpersprachlichen Zeichen die Begegnung bereichern kann, hilft zunächst, empfundene Lücken oder Verzögerungen in einem Gespräch zu füllen. Da jeder Mensch eine individuelle Geschwindigkeit der Wahrnehmung besitzt, ist es verständlich, daß in einer Begegnung verschiedener Menschen auch verschiedene Tempi der Wahrnehmung aufeinandertreffen. Ungeduld und Unzufriedenheit können aber nur dort auftreten, wo wir mit unseren Gedanken bereits an einem anderen Ort weilen, das ehrliche Interesse an dem Gesprächspartner abnimmt oder die Phantasie, unsere Mitmenschen und unser Umfeld wahrzunehmen, selten gepflegt wurde. Versuchen Sie einmal, die Erzählung Ihres Gesprächspartners sich in Farben auszumalen, gehen Sie auf eine Phantasiereise mit ihm. Oder versuchen Sie ganz bewußt, seinen Worten zuzuhören, seine Gestik und Mimik wahrzunehmen. Entdecken Sie für sich die vielen Ausdrucksmöglichkeiten, welche wir in einem Gespräch verwenden.

Dem Schweigen zuhören können

Haben Sie schon einmal mit einem Menschen gemeinsam geschwiegen? Richtig, das geht am besten mit jemandem, mit dem man sich in der Regel sehr viel zu erzählen hat. Schweigen kann großes Vertrauen bedeuten und den Wunsch, einfach die Stille, die Atmosphäre der Begegnung gemeinsam wahrzunehmen und zu erleben.

Ein Gespräch besteht aus Lauten und Stille, aus Wörtern, Lauten und Pausen. Diese Pause füllen wir oft mit kleinen sogenannten illustrierenden Gesten, oder wir lassen unsere Augen, das ganze Gesicht *sprechen*. Unsere Gedanken verfolgen stumm das bereits Gesagte, und nach einer Pause ist es nicht selten, daß beide Partner wie auf ein Kommando gemeinsam zu sprechen beginnen. Pausen sind stille gemeinsame Wege in einem gemeinsamen Gespräch.

Gesprächspausen können auch daraufhin deuten, daß einer der Partner kurz einmal seinen eigenen Gedankenweg geht, während der andere geduldig am Hauptweg auf ihn wartet, bis sie wieder gemeinsam ihren Weg fortsetzen werden.

Schweigen kann Reden bedeuten, denn der, der mit dem Betroffenen vertraut ist, hörend und sehend wahrnimmt, wird am körpersprachlichen und stimmlichen Ausdruck erkennen, welche Bedeutung das Schweigen für sein Gegenüber besitzt.
Ist er jetzt müde geworden?
Ist das Thema ihm unangenehm?
Möchte er mit mir weiter über das Thema reden?
Ist ihm gerade ein neuer Gedanke gekommen?
Hat er Scheu, mit mir über einen bestimmten Gedanken zu sprechen?
Möchte er gerne von mir gefragt werden, wohin seine Gedanken gewandert sind?
Möchte er einfach nur Schweigen und die Stille erleben?

Schweigen kann aber auch Verunsicherung, Hilflosigkeit, Sprachlosigkeit und Überforderung bedeuten. Oft ist es gerade dieses Schweigen, welches sowohl beim Besucher als auch bei dem Betroffenen höchste Belastungen auslöst. Warum schweigt er jetzt? Habe ich gerade etwas Falsches gesagt? Bestimmt möchte er, daß ich ihn unterhalte! Vielleicht stellt der Besucher sich vor, daß ich ihm alles über meine Krankheit, meine Sorgen und meinen Alltag erzähle!

Es wäre gut, wenn in jedem Fall der Besucher und Begleiter das *Schweigen* ansprechen mag. Sprechen Sie über ihr Gefühl, warum Sie möglicherweise das Schweigen berührt. Vielleicht mag auch der Betroffene erzählen, wie das Schweigen auf ihn wirkt, was er damit verbunden hat. Versichern Sie ihm, daß auch das Schweigen in Ihrem Gespräch einen Raum hat und daß Sie Verständnis dafür haben, wenn in Ihrem gemeinsamen Gespräch Pausen entstehen. Ein gutes Gespräch besteht nicht nur aus dem Wechsel von Gesprächsbeiträgen, vielmehr auch aus dem gemeinsamen Erleben von Pausen: einem stillen Dialog.

Fragen zur Gewißheit des Sterbens

Gespräche in der Sterbebegleitung haben Themen zum Inhalt, die sowohl das Leben wie auch das Sterben umfassen können. Neben Gesprächsinhalten, die sich aus dem Moment des Zusammenseins und aus persönlichen Bedürfnissen entwickeln, bietet die Sterbebegleitung aber gerade auch eine vertrauensvolle Basis, besondere Themen anzusprechen.

Folgende Aspekte im Leben einer Familie, die ein Mitglied in seiner letzten Lebensphase begleitet, werden wiederholt zu Gesprächsthemen auch in der Sterbebegleitung:

- In der Familie wird das gewohnte Rollen- und Verhaltensmuster durch die schwere Erkrankung und das Sterben eines der Mitglieder verändert.
- Soziale Kontakte werden eingeschränkt, Freunde und Bekannte zeigen verändertes Verhalten, der Kontakt zu den Arbeitskollegen bricht ab.
- Es wird nach neuen Wegen des Miteinanders gesucht.
- Neben dem sozialen und emotionellen Beistand wird von

den Beteiligten fachliche Information erfragt. Kontaktaufnahme zu Selbsthilfegruppen und Interessensverbänden wird ebenso interessant, wie auch eine Vermittlung zu helfenden Organisationen, die Pflege, Reintegration, Lebensunterhalt usw. unterstützen helfen.

Neben diesen allgemeinen Gesprächsthemen, die sich aus der veränderten Lebenssituation des Betroffenen und seiner Angehörigen entwickeln, werden sich die Beteiligten und der Begleiter auch immer wieder darüber aussprechen, in welcher Form und wie häufig der Betroffene und seine Familie den Begleiter als angenehm empfinden. Als Begleiter können wir unsere Dienste anbieten und den zeitlichen Rahmen auch nach unseren eigenen Kräften bemessen. Angebote von unserer Seite können aber nur dann hilfreich empfunden werden, wenn sie verbindlich und ohne Erwartung auf eine Gegenleistung verstanden werden. Das heißt jedoch auch nicht, daß wir als Sterbebegleiter uns ausnutzen lassen sollten.

Mit jedem Gespräch, und sei es über eine noch so kleine Sache, ein noch so alltägliches Thema, wächst das Vertrauen untereinander. Der Betroffene wird anzeigen, wenn er über so persönliche Dinge wie seine Krankheit und sein mögliches Sterben sprechen mag. Man sollte keinen dazu drängen, über diese Themen zu sprechen. Aber es wäre gut, wenn der Sterbebegleiter darin geübt ist, ein sehr sensibles Gesprächsangebot zu machen. Versuchen Sie zunächst herauszufinden, wie der Betroffene mit seiner Krankheit lebt, ob er große Ängste entwickelt oder aber auch, in welche Richtung seine Hoffnungen gehen. Wenn Sie beispielsweise den Eindruck haben, der Betroffene (für das Gespräch mit der Familie gilt dasselbe) will von Krankheit und möglichem Sterben nichts wissen, dann sprechen Sie diese Themen auch zunächst nicht von sich aus an. Bitten Sie den Betroffenen, ob er nicht Ihnen einmal die alten Fotoalben von früher zeigen mag und aus seinem Leben erzählen möchte. Vielleicht wissen Sie bereits einige wichtige Punkte aus seinem Leben, die ihn freuen zu erzählen. Oft kommen dann die Betroffenen auch dazu, von ihnen liebgewonnen Menschen zu erzählen, welche bereits verstorben sind. Dieser Moment kann ein Einstieg in das Thema Sterben und Tod sein, auch wenn es zunächst um das Sterben eines anderen geht. Als Sterbebegleiter versuchen wir, den anderen zum Nachdenken und Empfinden zu motivieren, wollen dem anderen zeigen, wir sind bei ihm und haben ein offenes Ohr für ihn: wenn er heute noch nicht darüber sprechen mag, vielleicht ein andermal. Vielleicht aber wird der Betroffene seine Gedanken für sich behalten wollen, vielleicht auch nur uns nicht mitteilen wollen. Das ist sensibel wahrzunehmen und zu respektieren.

„Sagen Sie bloß meiner alten Mutter nicht, daß sie sterben wird! Das würde sie nicht verkraften ..." Wir begleiten den Sterbenden und wir begleiten die Angehörigen. Beide trauern. Und wenn keine Verständigung über den bevorstehenden Abschied erlaubt ist, dann trauern beide sehr einsam. Die alte Frau im Bett hat vielleicht Angst vor dem Sterben, weil sie vermutet, daß ihre Tochter sehr traurig zurückbleibt. Die erwachsene Tochter trauert um den bevorstehenden Verlust ihrer Mutter. Beide signalisieren, daß das Nicht-Darübersprechen vielleicht weniger seelischen Schmerz bedeutet, als gemeinsam über die bevorstehende Trennung zu weinen. Als Sterbebegleiter haben wir die Chance, der Tochter Mut zu machen und aufzuzeigen, daß ein praktizierter Abschied trotz tiefer Trauer wohltut. Hier gehen Menschen auseinander, aber nicht ohne Gruß, nicht ohne einen Abschied und nicht, ohne daß sie sich alles das gesagt haben, was sie im Angesicht ihrer gemeinsamen Vergangenheit und jetzigen Begegnung empfinden. Diese Chance lebendig zu machen, darin besteht unsere Möglichkeit als Sterbebegleiter, beide Gesprächspartner darauf vorzubereiten. Die Mutter können wir behutsam fragen, wie es ihr geht, wie sie sich fühlt, und oft wird es von den Betroffenen als wahrhaftiges Angebot aufgenommen,. über ihre Wahrnehmungen zu sprechen. Sterbende spüren, was ihr Leben in dieser letzten Lebensphase bedeutet und wann ihre Kräfte schwächer werden. Machen sie den Betroffenen Mut, daß es bei einem Gespräch, wie beispielsweise mit der Tochter, nicht um eine Auseinandersetzung über alle guten und schlechten Taten geht, vielmehr um ein sich Nahe-Sein und Innig-verbunden-Fühlen, ein Sich-Anschauen, Fühlen und einfach nur Dasein. In dieser Begegnung treffen sich nicht nur Mutter und Tochter. Mit dem Abschied im Sterben der Mutter wird die Tochter nicht nur ihre Mutter, sondern auch ihr eigenes *Kind*-Sein verabschieden müssen.

In der Regel wird der Arzt dem Patienten zum gegebenen Zeitpunkt zu vermitteln versuchen, daß die Krankheit aus seiner Sicht her nicht weiter therapierbar ist. Für die Patienten gilt der Arzt als glaubwürdig, da man davon ausgeht, daß er in erster Linie Leben erhalten möchte und erst dann, wenn seine Bemühungen vergebens scheinen, bemüht ist, Leiden zu lindern. Im Patientengespräch ungeübtes medizinisches Personal läßt sich mitunter dazu verleiten, Fragen von Patienten unbedacht zu beantworten: *„Ihre Lebensdauer wird voraussichtlich nur noch drei bis vier Monate dauern."* Und: *„Wir entlassen Sie morgen nach Hause. Sie haben sicher noch einige persönliche Dinge zu regeln."* Im günstigen Fall kennt der Arzt bereits längere Zeit den Patienten, sein Leben, sein soziales Umfeld und wie der Patient mit besonderen Herausforderungen im Leben umzugehen gelernt hat. Dies erleichtert dem Arzt die Entscheidung, wann und wie er dem Patienten sagen kann, daß er sterben wird. Eine sensible Weise wäre beispielsweise: *„Wie fühlen Sie sich zur Zeit? .... Wir haben zur Zeit das Gefühl, daß Ihre Situation sehr schwierig ist. Leider wissen wir zur Zeit aus medizinischer Sicht nicht, was wir noch tun können, um Sie körperlich zu heilen. Aber wir haben gute Erfahrung darin, wie wir Ihre Lebensqualität durch geeignete Schmerztherapie noch verbessern können. Wir Ärzte haben nur ein begrenztes Wissen, und manchmal verbessert sich ein Gesundheitszustand von selber ...."* Der Arzt sollte bedacht seine Worte wählen, damit Raum für Wunder und Hoffnungen bleibt, vor allem aber Zeit gegeben wird, diese Nachricht nicht nur akustisch zu verstehen, sondern auch seelisch zu verkraften.

Wenn ein Patient an einer nicht mehr therapierbaren Krankheit leidet, die nach medizinischen Erkenntnissen bald zum Tode führt, wäre es wünschenswert wenn ...

- der Arzt zunächst herauszufinden versucht, wo die Bedürfnisse und Wünsche des Patienten liegen: ob er wissen möchte, wie sich seine Krankheit möglicherweise weiterentwickelt;
- der Arzt in mehreren Gesprächen den Patienten auf die bestehende Möglichkeit eines baldigen Sterbens geduldig und behutsam hinführt. In diesen Gesprächen sind es v. a. die Fragen des Patienten, die dem Arzt aufzeigen, wie weit der Patient über seine Situation informiert werden will;
- der Arzt die Information über den Beginn seiner letzten Lebensphase dem Patienten nicht vorenthält;
- der Arzt patientenorientiert handelt. Das heißt, wenn die Angehörigen nicht möchten, daß der Arzt den Patienten über seine gesundheitliche Situation aufklärt, kann der Arzt dies solange respektieren, bis der Patient selber den Arzt oder andere Personen befragt. Dann aber sollte der Arzt, evtl. auch gegen die Bedenken der Angehörigen, dem Patienten die Information geben, die dieser erbittet.

Grundsätzlich gilt für Kranken – und Sterbebegleiter:
- Jemandem die Tatsachen seiner Erkrankung zu verschweigen bedeutet, daß wir die Verantwortung für sein Leben übernehmen. Wir enthalten ihm eine lebensnotwendige Information vor. (Laut dem Gesetz ist eine ärztliche Verweigerung zur Information über den Gesundheitszustand sogar gleichzusetzen mit einer Körperverletzung.)
- Mit dem Verschweigen dieser Information verweigern wir ihm das Recht, sich auf seine ganz persönliche Weise auf sein Sterben vorbereiten zu können.
- Schwerkranke und Sterbende nehmen ihren gesundheitlichen Zustand sehr sensibel wahr. Sich ständig fragen zu müssen, ob man sterben wird oder nicht, ist seelisch und sozial viel belastender, als es zu wissen.

- Es ist das Recht des Patienten, eine Information zu verdrängen und die Konsequenzen nicht wahrhaben zu wollen. Auch und gerade wenn die Information heißt: er sei schwerkrank und eine Heilung sei derzeit nicht möglich.

- Ist dem Patienten die Informationen gegeben worden und wird ihm ein offene Angebot zum Gespräch gemacht, besteht keine Notwendigkeit, ihn zu drängen, über die Themen Krankheit, Sterben und Tod zu sprechen. Patienten beginnen zu fragen und zu sprechen, wenn sie mehr darüber wissen wollen oder ihre Gedanken mitteilen möchten.

- Fragt ein Patient, ob er sterben wird, und seine Begleiter können ihm offen antworten, ohne ihm gleichzeitig die Hoffnung zu nehmen, dann wird das Vertrauensverhältnis nicht verletzt, und mitunter wächst es durch ein gutes Gespräch.

Nicht bedingungslos Antworten finden müssen, aber Fragen zulassen können.

Manchmal haben wir das Gefühl, Fragen stehen im Raum, aber noch wissen wir sie nicht zu formulieren. Besonders als Sterbebegleiter, der dem Betroffenen familiär verbunden ist, ihn gut kennt, meinen wir kleine Veränderungen an seinem Wesen, an seiner Körperlichkeit und seinen seelischen Kräften wahrzunehmen. Nach unseren Beobachtungen drängen sich Fragen auf: „Wird er bald sterben?" „Was sag ich bloß, wenn er mich fragt, ob er nun sterben muß?" Kein Mensch kann wissen, wann ein anderer Mensch stirbt. Aber die Frage nach dem Sterben ist eine wichtige, und als Sterbebegleiter haben wir die Möglichkeit, dem Betroffenen zu zeigen, daß wir diese offene Frage aushalten können. Wir müssen keine Alibiantwort finden oder schlimmer noch: „Nein, wie kommen Sie denn darauf, Sie werden doch nicht sterben!" Wenn wir Geborgenheit und Ruhe vermitteln können, geben wir dem Betroffenen und seiner Familie mehr, als eine noch so gut gemeinte Antwort ihm bieten kann. Wir geben ihm die Zuversicht, daß er nicht allein sein wird, wenn es zum Sterben geht.

Darüber hinaus können wir den Betroffenen jedoch auch bestärken, seinen eigenen Wahrnehmungen mehr und mehr zu vertrauen. Er wird sich nicht mehr auf die Einschätzung des medizinischen Personals fixieren, sondern traut sich eigene Empfindungen zu, vertraut seiner persönlichen Beziehung zu Lebendigkeit und Sterblichkeit. Kein Mensch lebt und stirbt wie ein anderer, auch wenn seine Krankheit der eines anderen ähnelt. Wir als Sterbebegleiter können den Betroffenen bitten, seine eigenen Lebenserfahrungen auch jetzt miteinzubringen: „Als Krankenbegleiter kann ich nur von meinen Erfahrungen sprechen. Sie als Betroffenen aber möchte ich motivieren, ihren eigenen Wahrnehmungen zu vertrauen. Versuchen Sie zu spüren, was jetzt in diesem Moment für Sie im Leben wichtig ist."

Mit Hilfe von Phantasie und Spiritualität kann Spannungen, die sich natürlicherweise im Erleben der eigenen körperlichen Veränderungen und einem möglichen Sterben aufbauen, sensibel begegnet werden. Als Sterbebegleiter sind wir aufgerufen, auch unsere eigene Körperlichkeit, unsere seelischen, geistigen und spirituellen Kräfte kennenzulernen. Bevor wir die folgenden Fragen in einem vertrauensvollen Gespräch mit einem Betroffenen oder seinen Angehörigen verwenden, ist es gut, zunächst einmal selber sich den Fragen zu nähern. Unsere eigenen Gedanken werden nicht Maßstab für die möglichen Antworten eines Betroffenen sein dürfen, aber wir werden ihm mit einer größeren Anteilnahme zuhören können.

<u>Mögen Sie mir davon erzählen ....?</u>

- Wenn Sie sich unwohl fühlen oder die Schmerzen sehr groß werden, was würden Sie dann gerne machen? Kennen Sie etwas, was Ihnen dann besonders gut tut?
- Haben Sie ein Lied, welches Sie besonders gerne singen?
- Gibt es für Sie ein Gebet oder einen Meditationstext, der Ihnen besonders gut gefällt?
- Erinnern Sie sich an eine Stelle in der Bibel, die Sie immer besonders beschäftigt hat oder die Ihnen außergewöhnlich *wunder*voll erschienen ist?

- Gibt es einen Ort, wo Sie sich besonders geborgen fühlen? Wie müßte ein Ort aussehen, an dem Sie sich besonders wohl und geborgen fühlen würden?

Abschied ist ein Augenblick

Wann beginnt der Abschied? Im glücklichen Fall haben beide Gesprächspartner zur selben Zeit das Gefühl: Jetzt kann unsere Begegnung eine Pause vertragen. Häufiger aber sind wir durch äußere Einflüsse dazu gezwungen, die Begegnung zu unterbrechen. Wenn wir bereits zu Beginn des Gespräches erwähnt haben, daß und warum wir zu einem bestimmten Zeitpunkt wieder aufbrechen müssen, dann ist es auch an dem Besucher, auf die Zeit zu achten, daß der Abschied in Ruhe gestaltet werden kann.

Nehmen Sie sich mindestens zehn Minuten Zeit. Weisen Sie im laufenden Gespräch langsam darauf hin, daß nun die Zeit für den Abschied gekommen ist. Versuchen Sie, sensibel Formulierungen zu finden, die Ihren Gesprächspartner nicht gleich verstummen lassen, ihm aber die Gelegenheit bieten, einen Gedanken zu Ende zu führen oder wichtige Punkte noch einmal anzusprechen. *Leider werde ich in ein paar Minuten mich verabschieden müssen,* oder: *Wäre es Ihnen recht, wenn wir dieses Gespräch bei meinem nächsten Besuch weiterführen? Ich werde in kurzer Zeit mich leider verabschieden müssen.*

Gerade in der Begegnung mit einem Sterbenden wird uns die Bedeutung eines Abschiedes besonders bewußt. Wir nehmen ein Wiedersehen nicht mehr als alltäglich, als selbstverständlich wahr. Gerade wenn wir nur selten dem Sterbenden begegnen, haben wir vielleicht das Bedürfnis, ihm gegenüber besonders auszudrücken, daß uns bewußt ist, daß ein Wiedersehen etwas Besonderes geworden ist, daß eine Begegnung aber auch die letzte sein könnte. In welcher Form wir dieses dem Betroffenen mitteilen, ist ganz entscheidend davon abhängig, wie gut wir ihn und seine Gefühle zur Endlichkeit des Lebens kennen. Wenn wir ihn bereits längere Zeit begleiten, so ergibt sich möglicherweise ein Gespräch über das veränderte Bewußtsein von Abschiednehmen im Alltag. Wenn wir aber einem Sterbenden nur selten begegnen, dann sind wir auf unsere sensible Wahrnehmung angewiesen, die für den Betroffenen richtige Abschiedsform zu erkennen.

In jedem Fall jedoch scheint es angenehm empfunden zu werden, wenn Sie dem Betroffenen gegenüber zeigen können,

■ wie sehr Sie die gemeinsame Begegnung geschätzt haben,
■ welche Themen Sie besonders angesprochen haben,
■ woran Sie sich gerne erinnern werden,
■ daß Sie an ihn denken werden und
■ was Sie ihm wünschen.

Versuchen Sie sich und dem Betroffenen gegenüber ehrlich zu bleiben und sagen Sie nichts, was Sie nicht auch wirklich empfinden. Vielleicht mögen Sie ihm zum Abschied auch ein kleines Geschenk machen, das sich auf eine seiner Interessen bezieht oder ihn an eine besondere gemeinsame Unternehmung erinnert. Nach dem Auseinandergehen wird es dieses Geschenk sein, welches den Betroffenen an ihre gemeinsame Begegnung erinnern wird.

Insbesondere *gute Wünsche* sollten sensibel gewählt werden. Einem Sterbenden *Gute Gesundheit* oder *Gute Besserung* zu wünschen, ist ebenso ein Fehlgriff wie zu behaupten: *Ach, es wird schon wieder ...* Versuchen Sie herauszufinden, wo der Betroffene in seiner Akzeptanz vom Sterben oder in der praktischen Bewältigung des Alltags Unterstützung benötigen könnte. Geben Sie ihm keine gutgemeinten Ratschläge mit auf den Weg.

Aber: *Ich hoffe, Sie können bald wieder ruhiger schlafen!* oder: *Ich wünsche dir, daß die Schmerzmittel bald wirken!* sind Wünsche, die zeigen, daß Sie sowohl momentane Nöte des Patienten wahrnehmen, als auch auf seine aktuelle Lebensphase eingehen können.

Im Abschied wird man beim Wort genommen, denn der Abschied weist über die Phase der Trennung auf ein mögliches nächstes Wiedersehen hin. Kranke und sterbende Menschen, insbesondere wenn sie nicht mobil sind, sind auf unseren Besuch und unsere Gesprächsbereitschaft angewiesen. Ehrlichkeit und Zuverlässigkeit im Umgang miteinander sind dafür eine wichtige Voraussetzung.

Wenn Ihnen der Besuch gefallen hat und Sie mögen, fragen Sie den Betroffenen, ob es ihm recht wäre, wenn Sie ihn einmal wieder besuchen kommen. Räumen Sie ihm auch das Recht ein, zu viele Besuche etwas einzuschränken. Vielleicht ist ihm ein Telefonat lieber. Fragen Sie ihn, wann Sie ihn anrufen können. Wenn der Betroffene zum vereinbarten Zeitpunkt gerade verhindert ist oder sich nicht gut fühlt, fragen Sie ihn, ob und wann Sie wieder einmal anrufen dürfen. Manchmal ist es dem Betroffenen angenehmer, wenn er versucht, Sie zu erreichen. Da die Telefongespräche in Kliniken besonders teuer sind, mögen Sie ihn dann vielleicht zurückrufen und das Telefongespräch als ein kleines Geschenk an den Patienten betrachten, der nun alle Ruhe hat, mit Ihnen ein Gespräch zu führen.

Versprechen Sie nicht einen nächsten Besuch, wenn Sie noch nicht sicher sind, ob Sie ihn aus emotionellen, zeitlichen oder sonstigen Gründen verwirklichen können. Bleiben Sie sich und dem Betroffenen gegenüber ehrlich. Und manchmal scheint es angenehmer, wenn man sagen kann: *Ich denke an Sie!* als wenn man groß Erklärungen abgibt, warum man ihn vielleicht in Zukunft nicht besuchen kann. Sollten Sie gefragt werden, ob Sie wieder einmal auf ein Gespräch vorbeikommen können, Sie selber dies aber noch nicht zusichern mögen, antworten Sie anstatt zu sagen: *Ich melde mich dann wieder* lieber mit einer Formulierung wie beispielsweise: *Ich würde gerne wieder auf ein Besuch kommen, kann Ihnen aber dies heute leider noch nicht versprechen.* Ein Betroffener, der sich seiner sozialen Kontakte und seines begrenzten Lebens bewußt ist, wird sehr sensibel auf nicht eingelöste Versprechungen reagieren, mitunter kann dies zu Vertrauensverlust und einem Rückzug aus dem sozialen Leben führen.

Abschied kann ein Wort sein: *Servus* oder *Ich wünsche dir trotz allem einen schönen Tag!* Abschied nehmen wir aber immer auch mit dem ganzen Körper. Wir reichen uns die Hände, streicheln den uns Vertrauten und begegnen seinem Blick. Eine abrupte Abwendung von unserem Gesprächspartner ist nicht nur eine plötzliche Unterbrechung der realen Begegnung, sie irritiert auch unser emotionelles Abschiednehmen. Ein Abschied, der allen Beteiligten Zeit läßt, noch einmal Gedanken und Wünsche zu äußern, wird nicht mit den Worten enden, sondern noch lange durch den Augenkontakt begleitet werden. Von der bereits geöffneten Tür wenden wir uns noch einmal dem Betroffenen zu, nehmen wieder Augenkontakt mit ihm auf und winken ihm vielleicht noch zum Abschied.

20 hilfreiche Tips für eine angenehme Gesprächsgestaltung

1. Nehmen Sie sich Zeit vor, während und nach dem Gespräch.
2. Erklären Sie dem Betroffenen, bis wann Sie Zeit für die gemeinsame Begegnung haben und daß diese Zeit ihnen beiden gehört.
3. Zeigen Sie ihm, daß Sie sich auf das Gespräch mit ihm freuen.
4. Vermeiden Sie eine laute und hektische Sprache. Versuchen Sie emotionell ausgeglichen zu reden.
5. Gehen Sie auf Gesprächsthemen des Betroffenen ein, und zeigen Sie ehrliches Interesse.
6. Versuchen Sie zu erkennen, ob der Betroffene auch Lust an Themen aus dem Alltag oder aus gemeinsamen Interessensgebieten hat.
7. Zeigen Sie dem Betroffenen, wenn Sie die Kraft in sich spüren, daß Sie auch problematische Themen mit ihm besprechen.
8. Versichern Sie dem Betroffenen, daß Sie das Gespräch vertraulich behandeln.

9. Vermeiden Sie, Erlebnisse des Betroffenen zu analysieren, zu interpretieren, zu bewerten oder unbedingt mit Ihren eigenen Lebenserfahrungen vergleichen zu wollen.
10. Vermeiden Sie, den Betroffenen zum Erzählen zu drängen.
11. Versuchen Sie zu reflektieren, ob Ihre gutgemeinten Fragen den Betroffenen vielleicht erschöpfen oder moralisch unter Druck setzen könnten.
12. Zeigen Sie dem Betroffenen, daß Sie es gerne akzeptieren, wenn er mit Ihnen einmal nicht über ein bestimmtes Thema sprechen möchte.
13. Trauen Sie sich, auch einmal eine Pause im Gespräch entstehen zu lassen und das gemeinsame Schweigen zu erleben und zu genießen.
14. Gestehen Sie sich und ihm zu, daß es auch Dinge im Leben und Sterben gibt, welche wir nicht erklären, deren Sinn wir nicht erfassen und die wir vielleicht auch *einfach einmal so stehen lassen* können.
15. Drängen Sie ihm nicht mögliche wissenschaftliche oder religiöse Erklärungen auf, aber wenn Sie gefragt werden und mögen, erzählen Sie ruhig, was Ihnen hilft, wenn es einmal keine Antworten auf Fragen gibt.
16. Sprechen Sie rechtzeitig den bevorstehenden Abschied an, und verabschieden Sie sich in aller Ruhe.
17. Erzählen Sie beim Abschied, wie Ihnen das Gespräch gefallen hat.
18. Versprechen Sie kein Wiedersehen, wenn Sie unsicher sind, ob Sie es einhalten können.
19. Versuchen Sie, Ihre guten Wünsche gegenüber dem Betroffenen zu artikulieren.
20. Vielleicht mögen Sie ihm sagen, daß Sie an dieses Gespräch und an ihn denken werden.

V. *Kreative Gestaltungsmöglichkeiten*

Auf Grund einer kulturellen und gesellschaftlichen Entfremdung gegenüber Themen wie *Sterben* und *Tod* besitzen wir immer weniger die Gelegenheit, unsere emotionellen und kreativen Fähigkeiten im Umgang mit Sterbenden zu üben. Viele Menschen verloren den Bezug zu kulturellen, religiösen und sozialen Ritualen, die uns halfen, das Sterben eines Mitmenschen oder auch unsere eigene Vergänglichkeit bewußt zu er*leben*. Heute gilt es daher, sowohl kulturell überlieferte Verhaltensweisen im Umgang mit Sterbenden für sich wieder zu entdecken wie auch neue Wege im Miteinander zu entwickeln.

Die eigene schöpferische Kraft zu erleben
ist eine lebensnotwendige Erfahrung.

Das Bewußtsein um die eigene schöpferische Kraft macht uns fähig, eine menschliche Beziehung lebendig zu gestalten, aber auch eine Begleitung von Schwerkranken und Sterbenden einfühlsam, kreativ gelingend umzusetzen.

In dem Kapitel *Kreative Gestaltungsmöglichkeiten* möchte ich Sie einladen, sich durch die hier aufgezeigten Gestaltungsmöglichkeiten in der Begleitung von Sterbenden motivieren zu lassen, diese einmal im Alltag gemeinsam mit Personen ihres Vertrauens auszuprobieren. Sind ihnen die Anregungen angenehm, mögen Sie sie vielleicht in Ihre Begleitung eines Sterbenden mit einbeziehen. Trauen Sie sich ruhig, die Anregungen aus diesem Buch je nach Bedarf so zu verändern, daß sie für die Ihnen vertraute Situation geeignet sind. Vielleicht merken Sie auch, daß die hier gezeigten Gestaltungsmöglichkeiten Ihre eigene Phantasie anregen. Probieren Sie für Ihre spezielle Situation neue Gestaltungsmöglichkeiten aus. Nutzen Sie alle Ausdrucksmittel, welche uns zur Verfügung stehen: die Sprache, die Körpersprache, die Bewegung, die Musik, die Malerei und das Basteln.

Unser Erleben ist vielfältiger, als wir es manchmal mit Worten auszudrücken vermögen. Wir nehmen Licht und Farben wahr, spüren einen Windhauch, Kälte oder Wärme, hören angenehme Klänge und störende Geräusche, malen uns mit Hilfe dieser Eindrücke und unserer Phantasie Bilder und Geschichten aus.

Jeder Mensch bemüht vor allem dann seine Phantasie und Kreativität, wenn er an seine physischen, psychischen und mentalen Grenzen zu stoßen droht. Es sind die Kinder, die uns in ihrer Kreativität und Phantasie imponieren. Sie erleben häufig ihre Grenzen im körperlichen, seelischen, geistigen und sozialen Wachsen. Was die Kinder motiviert, nicht an ihren Grenzen zu resignieren, ist ihre Neugierde und ihr Interesse am spielerischen Entdecken. Was uns Erwachsenen von den Kindern zunächst unterscheidet, ist die vermißte Erfahrung, mit der eigenen Phantasie zu spielen und das tägliche Leben kreativ zu erleben und zu genießen. Das Bewußtsein einer individuellen und sozialen Verantwortung sowie individuelle Erfahrungen und Erkenntnisse unseres Lebens scheinen uns manchmal daran hindern zu wollen. Mit dem Erwachsenwerden verlieren wir auch unsere Naivität gegenüber dem Leben. Denn nur der bedingte Verlust der kindlichen Naivität ermöglicht uns, die Wirkung unseres eigenen Handelns abzuschätzen und damit Verantwortung übernehmen zu können. Und doch gibt es Möglichkeiten, auch als erwachsener Mensch seine Phantasie und Kreativität zu er*leben*. So wie wir uns erlauben, auf einem Fußball- oder Tennisplatz unsere körperliche Kraft zu messen, ist es auch möglich, sich Zeit und Raum zu genehmigen, seine eigene schöpferische Kraft wieder zu erleben, zu pflegen und zu genießen.

Das Licht besteht aus Farbe

Erinnern Sie sich an einen Regenbogen? Seine Farben sehen wir nur, weil das Licht der Sonne sich in den Regentropfen bricht. Wann können wir Licht schon einmal sehen? Licht läßt uns sehen, aber wir können das Licht nur dann wahrnehmen, wenn beispielsweise eine Fläche oder Rauch das Licht reflektieren.

Ohne Licht fühlen wir uns oft unwohl, in der Dunkelheit verloren. Licht kann Trost und Hoffnung bedeuten. Das Licht ist, unabhängig von Kultur und Religion, ein häufig zitiertes Bild für das Sterben.

Vielleicht haben Sie einmal Lust, eine halbe Stunde für sich Zeit zu nehmen. Suchen Sie sich einen ruhigen Raum, und legen Sie sich ein Papier und einen Stift bereit. Schließen Sie für eine Weile ihre Augen, bis Sie merken, daß Sie zur Ruhe gekommen sind.

1. Welche Wörter fallen Ihnen spontan zum Begriff *Licht* ein?
2. Wenn Sie mögen, schreiben Sie diese Begriffe auf das Blatt Papier und kreisen jene Begriffe ein, mit denen Sie etwas Angenehmes verbinden.

Ein anderes Mal

1. versuchen Sie sich vielleicht einmal an Situationen zu erinnern, in denen Sie das Licht als besonders angenehm empfunden haben.
2. Was verbinden Sie heute mit dem damals angenehmen Licht? Vielleicht mögen Sie Ihre Gedanken aufschreiben oder diese auch mit einer Person Ihres Vertrauens einmal besprechen. Sie können diese Fragen auch einem Betroffenen vorstellen. Fragen Sie aber zuvor, ob er Freude daran hätte, und bedrängen Sie ihn nicht. Wie immer gilt, geäußerte Gedanken sollten nicht kommentiert werden.

Sicher werden Sie selber schon einmal erlebt haben, wie empfindlich und gereizt Sie auf helles Licht reagieren, wenn Sie starke Kopfschmerzen oder einfach einmal schlecht geschlafen haben. Vor allem wenn wir Schmerzen haben oder sehr erschöpft sind, ziehen wir gedämpftes dem grellen Licht vor.

Andererseits kann gerade ein Sonnenschein unser Gemüt aufhellen, während das graue Licht eines Regentages auch unsere Stimmung trübe erscheinen läßt. Das Licht kann sich sowohl fördernd wie auch belastend auf unsere körperliche und seelische Kondition auswirken. Schwerkranke und Sterbende reagieren sehr sensibel auf Lichtverhältnisse. Ihre Begleiter sollten den Betroffenen nach seinen Wünschen fragen und versuchen, bei unerklärlichen Stimmungsschwankungen auch den Einfluß des Lichtes zu berücksichtigen. Eine Bettleuchte, die den Betroffenen im Gesicht blendet oder ein Fensterrollo, welches starke Licht-Schatten-Kontraste erzeugt, sind unbewußt wirkende Streßfaktoren. Respektieren Sie die Wünsche des Betroffenen, und versuchen Sie, wenn gewünscht und möglich, ein ausgeglichenes, sanftes Lichtverhältnis zu schaffen, daß je nach Stimmung verändert werden kann.

Wir Menschen reagieren nicht nur auf die verschiedenen Helligkeitsstufen des Lichtes. Ob ein Licht als angenehm oder unangenehm, als warm oder kalt empfunden wird, ist abhängig von seiner *Farbe*. Wir unterscheiden nicht nur zwischen einem *gelben* oder einem *weißen* Licht. Es ist auch mittels Farbfilter möglich, Licht farbig zu verändern. Vielleicht mögen Sie sich auch einmal informieren, wie verschiedenfarbiges Licht auf den Menschen wirkt. Im Anhang dazu einige Literaturvorschläge.

Häufig ist es für den Betroffenen, der auch nachts längere Zeit wachliegt, besonders angenehm, wenn eine kleine Steckdosenlampe das Zimmer gerade so weit erhellt, daß der Raum mit seinen Konturen wahrgenommen werden kann. Zusätzlich kann durch horizontales Verhängen des Fensters, das dem Betroffenen die Sicht nach außen ermöglicht, der Sichtkontakt nach innen aber verhindert werden. So wird es ihm möglich sein, bei jeder Tageszeit das sich verändernde Licht wahrzunehmen.

Mit Farben das Leben ausmalen

Haben Sie schon einmal erlebt, wie unterschiedlich wir auf Farben reagieren? Dem einen gefällt der rote Pullover, dessen Farbe für ihn einen *warmen* Farbton bedeutet Ein anderer schaudert und behauptet, es sei eine *aggressive* Farbe. Farben nehmen wir je nach Stimmung ganz unterschiedlich wahr, und mit Farben haben wir auch die beste Gelegenheit, uns emotional auszudrücken, aber vor allem auch uns etwas Gutes für unsere Seele zu tun.

Es gibt hervorragende Erfolge in der kunsttherapeutischen Begleitung von chronisch Kranken, Schwerkranken und Sterbenden. Im Anhang finden Sie zur Mal- und Kunsttherapie einige Literaturhinweise und Adressen. An dieser Stelle möchte ich jedoch in erster Linie zum Spiel mit Farben anregen. Vielleicht entdecken Sie beim Malen für sich auch eine neue Kraftquelle.

Haben Sie sich schon einmal eine der folgenden Fragen gestellt:

- Welche Farben tragen Sie gerade an ihrem Körper?
- Sind es heute ihre Lieblingsfarben, die sie tragen?
- In welchen Farben fühlen Sie sich besonders wohl?
- Welche Farben stehen Ihnen besonders gut?
- Welche Farben machen Sie fröhlich?

Vielleicht können Sie diese Fragen gar nicht so einfach beantworten. Vielleicht wechselt ihr Empfinden gegenüber der einen oder anderen Farbe. Wie auch unsere körperliche und geistige Entwicklung, verändern wir uns im seelischen Erleben. Und so fühlen wir uns mal zu der einen, mal zu der anderen Farbe mehr hingezogen. Häufig nehmen wir diese Veränderungen dann wahr, wenn wir die Gegenstände in unserer Wohnung oder unsere Kleidung auszutauschen beginnen, weil uns deren Farbe nicht mehr gefällt.

Wenn Sie mögen, kaufen Sie sich doch einmal in einem Zeichenfachhandel ein Ringbuch mit weichem Papier (24 x 32 cm) und einen kleinen Kasten Pastell-Ölkreiden. Nehmen Sie sich am Anfang jeden Tag zehn Minuten Zeit und ziehen Sie sich in einen ruhigen Raum zurück. Öffnen Sie das Ringbuch, legen Sie es quer, aber belassen Sie das Malblatt im Buch.

Schauen Sie in den geöffneten Kreidekasten und wählen Sie spontan die Farben aus, die Sie heute als besonders angenehm empfinden. Vielleicht sehen Sie auch solche Farben, die Ihnen heute kraftvoll erscheinen. Malen Sie mit jeder der von Ihnen ausgewählten Farben ein oder mehrere gleichgroße Kästchen, so daß am Ende ein Bild von verschiedenfarbigen Kästchen entstanden ist. Tauchen Sie ein in die Farben, und nutzen Sie alle Möglichkeiten, mit den weichen Kreiden auch einmal kräftig in das Papier zu malen oder Farben übereinander zu mischen.

Gönnen Sie sich nach dem Malen noch die Zeit zur Betrachtung, und genießen Sie Ihre Farben. Legen Sie ihre Kreiden wieder in den Kasten zurück. Mit dem nächsten Tag und einem neuen Blatt Papier beginnen Sie wieder neue Farben auszusuchen, die Ihnen speziell am diesem Tag besonders gut gefallen. Seien Sie großzügig, und verwenden Sie nicht die Rückseiten, sondern genehmigen Sie sich ein ganz neues Blatt Papier.

Wenn Sie jeden Tag ein *Mal-Tagebild* gestalten, dann werden Sie nach kurzer Zeit ein persönliches Bilderbuch geschaffen haben. Schauen Sie sich, wenn Sie mögen, auch immer einmal wieder Ihre alten Bilder an.

■ Gibt es Veränderungen in den Farben?
■ Welche Farben bevorzugen Sie besonders häufig?
■ Gibt es ein Lieblingsbild unter den vielen Bildern?
■ Welches Bild tut Ihnen besonders gut, wenn Sie einmal sehr erschöpft sind?

Haben Sie Verständnis für Ihre Mitmenschen, die beim Betrachten Ihrer Bilder nicht in jedem Fall denselben Enthusiasmus entwickeln können wie Sie. Bedenken Sie, daß Sie sich diese Bilder vor allem für sich geschaffen haben. Genießen Sie das Malen und das Betrachten.

Sie möchten auch andere zum Malen animieren? Tun Sie das, aber respektieren Sie auch, wenn jemand es lächerlich findet, mit Farben zu spielen, oder auch einfach keine Lust zum Malen hat.

Sprechende Bilder

Wenn wir *sprachlos* scheinen, suchen wir nach anderen Wegen, uns mitzuteilen. Das erleben wir, wenn wir in einer anderen Kultur uns mit Hilfe der Körpersprache zu verständigen versuchen oder einige Zeichen und Bilder als Mitteilung aufmalen. Häufig kritzeln wir ganz spontan, wenn uns die Worte fehlen oder wir uns anders nicht verständlich machen können. Unsere Zeichen- und Malsprache hat mit akademischer Kunst nichts gemein, ist um so mehr eine *phantastische* Möglichkeit, sich auszudrücken.

Vielleicht mögen Sie einmal wieder versuchen, zeichnerisch tätig zu werden?

Lassen Sie sich durch die folgenden Fragen anregen. Aber nehmen Sie sich für jede Frage genügend Zeit. Am besten lesen Sie nur eine Frage pro Tag.

1. Versuchen Sie einmal ganz spontan, in einer kurzen Zeichnung auszudrücken, wie Sie sich heute morgen von Zuhause (oder am Abend von den Arbeitskollegen) verabschiedet haben.
2. Erinnern Sie sich an einen für Sie besonderen Abschied? Vielleicht mögen Sie diesen einmal zeichnerisch darstellen?
3. Gibt es zur Zeit einen Abschied, der Sie besonders beschäftigt? Versuchen Sie, Ihre Gefühle in einem Symbol zeichnerisch festzuhalten.

Genießen Sie Ihre Zeichnung in Ruhe zu betrachten und entdecken Sie die vielleicht überraschende Aussagekraft Ihrer Zeichnung.

- Haben Sie in Ihrer Zeichnung vielleicht Symbole verwendet?
- Welche Bedeutung haben diese Symbole heute für Sie?
- Worauf haben Sie in der Zeichnung besonderen Wert gelegt?
- Was finden Sie an der Aussage Ihrer Zeichnung besonders überraschend?
- Was finden Sie an der Aussage Ihrer Zeichnung besonders treffend gelungen?

Vielleicht haben Sie auch die Möglichkeit gegenüber einer Person Ihres Vertrauens Ihre Gedanken auszusprechen.

Möglicherweise haben Sie inzwischen größeres Interesse am Malen und Zeichnen bei sich wiederentdeckt. Das Papier Ihres *Mal-Tagebuches* ist natürlich auch gut für ein freie Bildgestaltung. Trauen Sie sich ruhig, einmal abstrakt mit Farben zu malen. Wählen Sie die Farben ganz nach Ihrem Gefühl aus, und malen solange mit einer Farbe, bis Sie meinen, daß diese Farbe nun genügend Raum auf dem Papier für sich beansprucht hat. Dann wählen Sie die nächste Farbe.

Vielleicht wenden Sie sich auch einmal an Ihr *Mal-Tagebuch*, wenn Sie sich nicht besonders gut fühlen. Dann scheuen Sie sich nicht, gerade auch die Farben zu wählen, die Ihre Stimmung heute am besten ausdrücken. Malen Sie ruhig stürmisch, aggressiv oder auch traurig vor sich hin. Versuchen Sie, Ihre Gedanken, Sorgen und Probleme den Farben und dem Bild zu überlassen. Versuchen Sie, sich Ihrem *Mal-Tagebuch* anzuvertrauen und beim Malen alle Gefühle auf dem Papier auszudrücken. Bevor Sie jedoch das *Mal-Tagebuch* schließen, hätten Sie nicht Lust, sich jetzt noch etwas Gutes zu tun? Welches Bild hat Ihnen sonst immer noch so gut gefallen? Welche Farben waren es, die Ihnen besonders viel Kraft gegeben haben? Betrachten Sie sich Ihre Bilder, oder malen Sie sich doch einfach noch mal ein Bild mit kraftgebenden Farben!

Vielleicht wird es nach einiger Zeit einen Moment für Sie geben, wo Sie sich Ihr *Mal-Tagebuch* anschauen, vielleicht sogar mit jemanden über Ihre Gefühle, die die Bilder in Ihnen erwecken, sprechen möchten. Wenn Ihnen dieses *Mal-Tagebuch* gut tut, erzählen Sie es ruhig Ihren Mitmenschen, aber seien

Sie zurückhaltend und bedrängen Sie niemanden, es Ihnen gleichzutun. Ein Malblock und ein Kasten Pastell-Ölkreiden als Mitbringsel kann Ihnen dagegen keiner nachteilig auslegen. Seien Sie jedoch nicht enttäuscht, wenn der Beschenkte nicht gleich euphorisch zu malen beginnt. Und bedenken Sie auch hier wie bei allen Geschenken: Ist der Betroffene in der Lage, das Geschenk zu handhaben? Kann er beispielsweise die Kreidestifte in der Hand halten? Es wäre nicht nur für Sie als Schenkenden, sondern insbesondere auch für den Beschenkten eine große Enttäuschung und sehr schmerzvoll, wenn der Betroffene am Geschenk seine körperlichen Einschränkungen erneut erfahren muß.

Von Geräuschen und Klängen

Reagieren wir manchmal nicht besonders empfindlich auf Geräusche? Erinnern Sie sich an eine Situation, als Geräusche Sie über alle Maßen belasteten? Wie war Ihr eigenes körperliches Befinden damals? Hatten Sie vielleicht auch besonderen Ärger oder Streß? Insbesondere unsere körperliche und seelische Verfassung bestimmt auch unser subjektives Empfinden, welches zu unterscheiden versucht, was für uns störende Geräusche und was angenehme Klänge sind.

Oft ist es schwierig, störende Geräusche in der weiteren Umgebung abzustellen, und auch in der Klinik oder im eigenen Haushalt entstehen mitunter Geräusche, die nicht zu vermeiden sind, aber einen Betroffenen sehr belasten können. Als Begleiter können wir versuchen zu erkennen, wann ein Betroffener besonders unter den Geräuschen leidet.

- Ist es zu einer bestimmten Tageszeit?
- Ist es besonders dann, wenn er starke Schmerzen hat?
- Ist es, wenn er sich alleine fühlt?

Es ist gut, wenn Sie mit dem Betroffenen über die Geräuschbelastung sprechen und gemeinsam mögliche Alternativen suchen. Manchmal hilft es, wenn der Betroffene, der ja häufig von den geräuschverursachenden Tätigkeiten ausgeschlossen ist, über die Ursache und den Zweck der Tätigkeit aufgeklärt wird. Vielleicht ist es auch möglich, ihn beispielsweise im Rollstuhl mit in die Küche oder in den Garten zu nehmen, wo er neben dem Geräusch auch das Ziel der geräuschvollen Tätigkeit miterleben kann. Fern von dem geräuschvollen Leben zu sein, ist manchmal viel belastender als das Hören von Geräuschen selber.

Wie aber kann man mit Situationen umgehen, in denen man sich einem Geräusch *ausgeliefert* fühlt? Die Ohren können wir nur unzureichend verschließen. Selbst wenn wir hohe Töne durch Ohrstöpsel kaum noch wahrnehmen, spüren wir mitunter die Schallwellen der tiefen Töne durch Vibrationen in unserem Körper.

Sollte es möglich sein, bitten Sie den Verursacher der Geräusche zunächst ruhig um Nachsicht. Erklären Sie die Situation des Betroffenen, und bitten Sie um Verständnis. Besprechen Sie Alternativen, wie man das Geräusch vermeiden, zeitlich oder räumlich begrenzen kann.

Oft kommt es jedoch vor, daß keine Alternativen gefunden werden können. In diesen Fällen kann der von Geräuschen Belästigte versuchen, mit Hilfe von Entspannungsübungen sich auf andere, ihm angenehmere Gedanken zu konzentrieren. Kennen Sie ein Gedicht, ein Gebet oder ein Lied, daß Sie immer schon einmal auswendig lernen wollten? Nehmen Sie sich den Text vor, und konzentrieren Sie sich darauf, ihn laut zu lesen oder ihn auswendig zu lernen. Ist es für den Betroffenen nicht möglich, selber zu lesen oder strengt ihn das Sprechen zu sehr an, kann der Begleiter die Rolle des Vorlesers übernehmen, während der Betroffene sich auf den Text zu konzentrieren versucht.

Vielleicht mögen Sie auch einmal ausprobieren, die Geräusche phantasievoll zu verändern. Sicher, es fällt Ihnen beispielsweise nicht schwer, das Geräusch aus der Nachbarwohnung als einen Wecker zu identifizieren. Aber vielleicht hören Sie mit Ihrer Phantasie jetzt auch, daß es ein Vogel sein könnte, der zunächst sehr zaghaft, dann aber immer selbstbewußter und fröhlicher zwitschert.

Oder ist es nicht ein leiser Schlagzeugspieler? Hören Sie, wie er den Rhythmus eines Marsches schlägt? Eins, zwei, drei, vier. Eins, zwei, drei, vier ......Dann wechselt er die Betonung und spielt einen Walzer. Hören Sie, wie er jeden dritten Ton besonders stark betont? Vielleicht haben Sie Lust, diesen Walzer einmal mit Ihren Händen zu begleiten. Natürlich können Sie auch Ihre Stimme benutzen und den drei Schlägen unterschiedliche *Namen* geben (z. B. *dam da da*). Irgendwann werden möglicherweise Ihre Stimmbänder des Sprechens müde sein und einfach anfangen zu schwingen und zu singen, was für sie sehr viel entspannender sein kann. Genießen Sie das Singen aus voller Kehle ruhig, und stören Sie sich zunächst einmal nicht daran, daß vielleicht Ihr anderer Nachbar nun Sie einen Geräuschbelästiger nennt.

Es liegt an dem Spiel unserer Phantasie, wie wir mit einem leeren Raum, mit störenden Geräuschen oder angenehmen Klängen umzugehen pflegen. Wenn wir uns trauen, das Spiel unserer Phantasie zu üben, dann werden wir uns nicht immer unangenehmen Geräuschen hilflos ausgeliefert fühlen. Das es uns nicht immer gelingt, spielerisch mit Geräuschen umzugehen, kann zum einen an der speziellen Geräuschqualität liegen, aber zum anderen auch an einer umfassenden Erschöpfung, die uns eine Konzentration nur schwer ermöglicht.

Manchmal kann ein Walkman mit leichten Kopfhörern eine Alternative bieten. Lassen Sie den Betroffenen eine ihm angenehme Musik oder ein Hörspiel aussuchen, welches ihn von den äußerlichen Geräuschen ablenken kann.

Das gesellschaftliche Ereignis: das Hauskonzert

Angenehme Klänge wie angenehme Farben können angenehme Gefühle und Gedanken erzeugen. Vielleicht mag der von Ihnen begleitete Betroffene eine Musikrichtung besonders gerne? Sind Schallplatten, CDs oder Kassetten vorhanden, die man gemeinsam hören kann?

Auch ein *Hauskonzert*, bei dem man selber das *Konzert-programm* wählen kann, bietet beispielsweise eine nette Gelegenheit, auch einmal Freunde einzuladen, die sonst vielleicht eher eine Scheu haben, einen Sterbenden zu besuchen. Laden Sie, wenn es den Betroffenen nicht überfordert, einmal zu einem *Hauskonzert* ein. Selbstverständlich sollte auf festliche oder der Musik entsprechende Garderobe geachtet werden. Getränke und einen kleinen Imbiß dürfen auch gerne die Gäste mitbringen, damit der Haushalt des Betroffenen nicht zu sehr belastet wird. Aber nehmen Sie sich Zeit, den *Konzertsaal* nett herzurichten. Beziehen Sie den Betroffenen in die Planung und Vorbereitung mit ein. Vielleicht gibt es sogar reservierte Plätze mit Namensschildern? Versäumen Sie nicht, eine kleine Pause im Programm einzuplanen, in der Zeit für kurze Gespräche ist. Informieren Sie bereits auf der Einladung, wie lange in etwa die Veranstaltung dauern wird, damit der Betroffene nicht übermäßig belastet wird. Es hat sich als günstig herausgestellt, nicht zu lange Musiktitel zu wählen, denn Langeweile und Unruhe sollten nicht aufkommen.

Singen und Musizieren

Möglicherweise wird aber auch in dem sozialen Umkreis des Betroffenen gesungen und musiziert. Dies bietet natürlich ebenfalls Möglichkeiten, einen Liederabend oder ein kleines Konzert zu gestalten.

- Kann der Betroffene vielleicht selber ein Instrument spielen?
- Gibt es leichte Rhythmusinstrumente oder Xylophone, mit denen er versuchen mag zu begleiten?
- Welches Instrument bevorzugt er zu hören?
- Gibt es Klänge, die ihm zur Zeit unangenehm sind?
- Mag er, daß man ihm etwas vorspielt?
- Hat er bestimmte Wünsche bezüglich der Musikliteratur?
- An welche Lieder erinnert er sich?
- Gibt es bestimmte Lieder, die er gerne singen würde?

Stimme und Stimmungen wahrnehmen

Summen und singen Sie gerne unter der Dusche, im Auto, an der roten Ampel oder beim Spaziergang durch den Wald? Manchmal ist uns einfach danach, unsere Stimmbänder schwingen zu lassen, die Resonanzen in unserem Körper zu spüren und unsere eigene Stimme zu hören. *Stimmungen* erzeugen Lust auf *Stimme*, und *Stimme* kann *Stimmungen* erzeugen.

Stimme kann man auch gemeinsam gut einsetzen, vor allem dann, wenn man angenehme *Stimmungen* erzeugen möchte. Probieren Sie einmal zu zweit oder mit mehreren Personen, die Silbe *do* zunächst mit einem sehr langen *o* zu sprechen. Nach und nach werden Sie von selber über das lange schwingende o auf einer angenehmen mittleren Tonlage zu singen beginnen. Vielleicht kann jetzt jeder in der Gruppe zu einem anderen Zeitpunkt atmen und ruhig, lange das *do* leise singen. Sie werden bald einen gleichmäßigen, ruhigen Klang im Raum spüren. Hören Sie in Ruhe auf den Gesang, und vielleicht probieren Sie auch einmal, nur den Ton zu summen.

Wenn Sie mehrere Personen sind, dann können sich die Sänger nacheinander auch mal aus dem Gesang ausklinken und einfach nur den Klang im Raum erleben. Gehen Sie dabei ruhig im Raum herum und erleben Sie, wie unterschiedlich der Ton sich in den verschiedenen Ecken des Raumes anhört. Wenn Sie den gleichen Eindruck auch dem bettlägerigen Betroffenen bieten möchten, sollten sich die mobilen Sänger während des Singens langsam im Raum bewegen, während der Betroffene an einem Ort verweilt.

Vergewissern Sie sich zwischendurch, ob der Ton und der Gesang für alle Beteiligten noch angenehm ist, wechseln Sie notfalls die Tonlage, oder beenden Sie den Gesang. Vielleicht entwickelt sich im nachherein auch ein Gespräch darüber, wie jeder seine eigene Stimme und die der anderen erlebt hat. Gibt es eine Tonlage, die besonders angenehm ist? Welche Tonlage ist unangenehm, wirkt anstrengend, vielleicht auch bedrohlich? Welche Vokale sind in welcher Tonlage besonders angenehm zu singen?

Die Geselligkeit ins Spiel bringen

Einen kranken oder sterbenden Menschen zu begleiten, bedeutet häufig auch, daß uns die Worte fehlen, wir uns sprachlos gegenüber seiner Lebenssituation fühlen. Aber deshalb auf eine Begegnung mit ihm verzichten? Es gibt viele Möglichkeiten zusammenzukommen, ohne gleich alle Gedanken um Leben und Sterben besprechen zu müssen. Fragen Sie doch mal an, ob es dem Betroffenen Spaß machen würde, gemeinsam ein Gesellschaftsspiel zu spielen? Erkundigen Sie sich, ob der Betroffene einen besonderen Wunsch hat, was gespielt werden soll. Oft verlangen komplizierte Spielregeln viel Konzentration und ermüden schnell. Neue, unbekannte Spiele nehmen durch das Anlernen ebenfalls viel Energie, bevor es zum eigentlich Spiel kommt. Ein rasant gespieltes *"Mensch ärgere dich nicht"* oder leichte Spiele, wie beispielsweise *Das verrückte Labyrinth* oder *Malefiz*, sind vor allem deshalb so beliebt, weil neben dem Spiel auch noch Zeit zum Scherzen und zum Lachen bleibt. Achten Sie bei der Auswahl des Spieles darauf, ob der Betroffene das Spielfeld gut erkennen kann, die Spielfiguren für ihn manuell zu bewältigen sind, ob er vielleicht doch lieber ein anspruchsvolleres Spiel mag (z. B. *Scrabble*) oder auch einfach nur Lust hat, Ihnen bei einem Spiel und beim Schummeln über die Schulter zu schauen.

Es gibt auch Spiele, wie beispielsweise die sogenannten *Montagsmaler*, die schon bei der Gestaltung der Spielkarten Spaß bereiten. Besorgen Sie sich vier verschiedenfarbige Din A4-Kartons. Nehmen Sie die Kartons hochkant und schneiden Sie ca. zehn gleichgroße Streifen aus, die Sie halbieren und so zwanzig kleine Kärtchen erhalten. Diese beschriften Sie, nach Farben sortiert, mit Begriffen aus den verschiedenen Begriffsgruppen: Tieren, Tätigkeitswörtern, Dingen und Orten. Beispielsweise zur Begriffsgruppe *Dinge*: Hose, Tasche, Uhr, Kirchturm, Haus, Zahnbürste etc. Versuchen Sie, von jeder Begriffsgruppe zehn bis zwanzig Begriffe zu finden.

Beim Erstellen dieses Spieles kann der Betroffene gut miteinbezogen werden. Insbesondere im Suchen von verschiedenen Begriffen. Beraten Sie sich auch mit ihm, welche Farbe zu welcher Begriffsgruppe passen könnte.

Mischen Sie die Karten, und legen Sie sie verdeckt auf den Tisch. Jeder der Mitspieler erhält Papierbögen und einen Stift. Der erste Spieler zieht verdeckt eine Karte und versucht nun, den Begriff zu malen, während die anderen diesen Begriff erraten müssen. Die Farbe der gezogenen Karte verrät ihnen bereits die Begriffsgruppe. Derjenige, der den Begriff errät, erhält als Preis die Karte. Nacheinander ist jeder Spieler mit Malen an der Reihe. Nach einer zuvor festgesetzten Zeit wird das Spiel beendet und derjenige, welcher die meisten Begriffe erraten hat, also die meisten Karten sein eigen nennt, hat gewonnen.

Von Lesereisen und Hörspielen

Lesen, so haben Sie sicherlich bereits bei einer Ihrer Lektüren erfahren, kann die eigene Phantasie anregen. Jeder Autor einer Geschichte ist auf die Mithilfe seines Lesers angewiesen, denn nur durch die Phantasie, die Bilder im Kopf des Lesers, werden Personen und Szenerie der Geschichte lebendig. Auch wenn der Autor beispielsweise eine grüne Landschaft noch so gut beschreibt, es ist der Leser, der sich die verschiedenen Grüntöne vor seinem geistigen Auge ausmalt. Und gerade diese persönlichen Grüntöne sind es, die ihn, den Leser, in eine ganz besondere Stimmung versetzen können. Und der Autor kann noch so eifrig versuchen, durch genaueste Beschreibungen beispielsweise einen alten Mann mit einer gebrochenen Stimme sprechen zu lassen, es wird der Leser sein, der aufgrund seiner Phantasie die Stimme des alten Mannes zu hören vermag.

So, wie jeder Betrachter eines Bildes eben dieses Bild und seine Farben für sich entdeckt, so entdeckt jeder Leser für sich auch eine geschrieben Geschichte. Ein Autor legt dem Leser mit seiner Geschichte nur ein Blatt Papier mit einigen Skizzen vor, welches der Leser selbst in seinen ganz persönlichen Farben auszumalen beginnt. Dabei wählt der Leser ganz persönlich die für ihn wichtigen Bilder aus und bestimmt, in welchen Farben, in welchen atmosphärischen Stimmungen er die Bilder und Geschichten erleben möchte.

Es ist einem Schwerkranken und Sterbenden nicht immer möglich, selber zu lesen. Fragen Sie ihn aber, ob es ihm angenehm wäre, wenn Sie ihm etwas vorlesen. Gibt es ein Lieblingsbuch, welches er gerne einmal wieder lesen würde? Hat er einen Lieblingsautor, dessen Bücher er noch nicht alle kennt? Welche Art von Literatur bevorzugt er? Sind es romantische Geschichten, ein guter Krimi oder vielleicht Gedichte?

Nehmen Sie sich Zeit, die passende Lektüre auszusuchen. Oft wird Ihnen der Text nicht bekannt sein. Vielleicht mögen Sie sich in Ihre neue Rolle als Vorleser oder Vorleserin erst einmal Zuhause einfinden und den Text für sich selber laut lesen? Wenn Sie mit dem Stil des Autors *warm* geworden sind, können Sie sicherlich auch den Text ohne Vorbereitung in aller Ruhe dem Betroffenen vorlesen. Suchen Sie vielleicht zunächst kürzere Texte aus, die immer wieder zum Innehalten verleiten. Lassen Sie sich und dem Betroffenen Zeit, ihren Gedanken nachzuhängen, bevor Sie mit dem Vorlesen fortfahren. Eine kleine Auswahl für das Vorlesen geeigneter Lektüre finden Sie im Anhang.

Als Alternative zum eigenen Vorlesen kann man auch im Buchhandel oder in den Bibliotheken erhältliche Kassetten erwerben, die verschiedene Literaturgattungen in Form von Hörspielen oder Lesungen anbieten. Oder vielleicht bietet sich auch die Gelegenheit, aus dem Hörfunk Sendungen mitzuschneiden. Bitten Sie ruhig einmal bei Ihren Rundfunkanstalten um detaillierte Beschreibung zu Hörspielen, Lesungen, Funk- und Studienkollegen, damit Ihnen die Planung und Auswahl der Sendungen erleichtert wird.

Kassetten bieten vor allem dann eine Alternative, wenn das Vorlesen von Texten schwerfällt, das konzentrierte Hören über Kopfhörer von Schmerzen ablenken hilft oder aber auch ein gemeinsames Hören als geselliger Anlaß verstanden wird.

Das vorherige oder gleichzeitige Aufzeichnen einer Sendung ermöglicht darüber hinaus, daß jederzeit das Hören für ein Gespräch oder eine Ruhepause unterbrochen werden kann.

Geschichten im Schreiben erzählen

Uns etwas von der Seele schreiben, kann manchmal eine gute Möglichkeit sein, mit Problemen des Alltags leben zu lernen. Ein *Schreibbuch* ist ein geduldiger Zuhörer, dem wir auch Gedanken mitzuteilen trauen, die wird gegenüber anderen nicht auszusprechen wagen. Wir können anklagen, was wir erleiden mußten, und wir können Phantasien entwickeln, die noch nicht Wirklichkeit werden konnten. Dabei haben wir nicht nur die Möglichkeit, unsere eigene Geschichte in der *Ich-Form* aufzuschreiben, darüber hinaus ist es auch möglich, diese und andere Geschichten einmal durch Phantasiefiguren erzählen zu lassen.

Es wird einem Schwerkranken nicht immer möglich sein, mit einem Stift zu schreiben. Sollte er gerne seine Gedanken aufzeichnen wollen, vielleicht wird er mit der leichten Tastatur einer elektrischen Schreibmaschine oder eines Computers besser zurechtkommen. Möglicherweise möchte er aber auch seine Gedanken auf ein Tonband diktieren.

Bitten Sie den Betroffenen um ein Gespräch über die Verwendung seiner Aufzeichnungen, und stellen Sie sehr sensibel die Ihnen wichtig erscheinenden Fragen. Bitten Sie auch den Betroffenen, wenn er mag, Fragen anzusprechen, die ihm in diesem Zusammenhang wichtig sind. Braucht er irgendwelche Hilfen bei seinen Aufzeichnungen? Möchte er während dem Schreiben/Diktieren lieber ungestört und alleine sein? Möchte er, daß seine Aufzeichnungen so aufbewahrt sind, daß andere sie nicht lesen können? Hat er einen Wunsch, was mit seinen Aufzeichnungen in Zukunft geschehen soll? Sollen die Aufzeichnungen nach seinem Tod vernichtet werden, oder wem möchte er sie gerne übergeben sehen? Sind die Aufzeichnungen für die Hinterbliebenen bestimmt? Hat er Verständnis dafür, daß seine Aufzeichnungen vielleicht von den ihm Nahestehenden möglicherweise nicht sofort gelesen oder angehört werden können?

Fotos betrachten und Geschichten erzählen

Betrachten von Fotos sind Erlebnisreisen. Oft aber haben wir im Alltag zu wenig Zeit und Muße, die Bilder eines Urlaubs gleich im Anschluß an die Ferien in ein Album zu kleben. Oder die Fotos, die wir beim letzten Besuch der Freunde aufnahmen, befinden sich immer noch im Fotoapparat, denn schließlich schien im letzten halben Jahr keine Gelegenheit, die noch verbleibenden drei Bilder zu knipsen. –

Fragen Sie den Betroffenen, ob er nicht Lust hätte, die in einem Karton aufbewahrten Fotos einmal gemeinsam zu sortieren und in Fotoalben zu kleben. Besorgen Sie am besten Fotoalben, die klein und handlich sind, damit der Betroffene sie später jederzeit leicht handhaben kann, wenn er die Fotos sich wieder einmal anschauen mag. Nehmen Sie sich Zeit für das Vorsortieren der Fotos, und planen Sie ein, daß dieses Vergnügen nicht bei einem Besuch schon zu beenden ist. Gerade das Verweilen bei dem einen oder anderen Bild, das gemeinsame Erinnern an die damalige Situation oder das Erzählen der erlebten Begebenheit, ist das eigentliche Vergnügen, Fotografien für sich wiederzuentdecken.

Wenn der Begleiter an den Geschichten, die aus den Fotos heraus wieder lebendig werden, ehrlich interessiert ist, dann kann diese Begegnung für den Betroffenen und den Begleiter ein erlebnisreicher Ausflug in die Vergangenheit werden. Aber versuchen Sie den Betroffenen nicht zu drängen, Fotos zu betrachten, Geschichten zu erzählen, wenn es ihm unangenehm scheint. Wir sollten akzeptieren, daß es auch Bilder gibt, die den Betroffenen an sehr private, mitunter auch an traurige Momente seines Lebens erinnern. Wir können ihm unser Ohr schenken, wenn er darüber sprechen mag, aber wir sollten tolerieren, wenn er diese Erinnerungen für sich behalten möchte.

Bereits gestaltete Foltoalben liegen manchmal lange Zeit unbeachtet im Schrank. Vielleicht können Sie den Betroffenen motivieren, einmal wieder die alten Bilder anzuschauen und ihnen Geschichten zu erzählen, die er, seine Verwandten oder Freunde erlebt haben. Zeigen Sie als Begleiter Interesse, nie aber Neugierde. Versichern Sie ihm, daß, wenn er mag, Sie sich freuen würden, die Fotos zu sehen, aber ihn nicht dazu drängen möchten.

Und wenn Sie und der Betroffene plötzlich entdecken, daß am Ende vielleicht viel zu wenig Fotos zum Betrachten vorhanden sind: Warum bringen Sie nicht einmal den Fotoapparat mit und machen ein paar neue Bilder? Fragen Sie den Betroffenen, was sie gemeinsam fotografieren wollen: die Wohnung, den Garten und natürlich den Betroffenen. Vielleicht ist es auch einmal wieder ein schöner Anlaß, sein Lieblingskleid oder den guten Anzug anzuziehen, einen Friseur zu bestellen und das Gesicht zu schminken?

Die Foto-Session

Haben Sie und der Betroffene Lust auf Fotografieren, aber gerade keine Idee, was man alles Schönes fotografieren könnte? Wie wäre es, eine *Foto-Session* zu veranstalten? Eine *Foto-Session* bedeutet eine *Sitzung*, während der man zu einem ausgewählten Thema Fotos macht. Bereiten Sie eine Kamera und einen Farbfilm vor. Legen Sie am besten noch gleich ein paar Extrafilme parat, damit Sie in jedem Fall gut vorgesorgt haben. Wenn Sie im Raum fotografieren, sollten Sie zuvor das Blitzlicht aufladen oder eine Reservebatterie besorgen. Wenn Sie ein Stativ besitzen, fixieren Sie die Kamera so auf dem Stativ, daß der Bildausschnitt das ganze Gesicht bzw. den Kopf und den Oberkörper des *Fotomodells* erfaßt. Der Bildhintergrund sollte möglichst einfach und wenig gemustert sein. Am besten ist eine schlichte Wand. Um dem *Fotomodell* die Arbeit zu erleichtern, suchen Sie nach einer schlichten, aber bequemen

Sitzmöglichkeit. Natürlich kann man das *Fotoatelier* mit einfachen Mitteln auch um ein Bett herum aufbauen.

Dann überlegen Sie doch gemeinsam mit dem Betroffenen, welches Thema Sie vor der Kamera gestalten wollen. Einige Beispiele, die sich leicht vor der Kamera umsetzen lassen:

■ *Gefühle:* Darstellung verschiedener Gefühle mit Hilfe des Gesichtsausdruckes.

■ *Grimassen:* Darstellung verschiedener Charaktere mit Hilfe der Mimik und Gestik.

■ *Masken:* Darstellung phantasievoller Masken mit Hilfe von Faschings- oder Theaterschminke.

Schreiben Sie sich vielleicht zunächst einmal alle Ideen zu dem von Ihnen gemeinsam ausgewählten Thema auf ein Blatt Papier. Für das Thema der *Masken* müßten Sie sich noch die Farben und Creme zum Abschminken besorgen. Legen Sie sich in jedem Fall auch einen Spiegel zur Seite, aber dann kann es auch schon losgehen.

Jeder Anfang als *Fotomodell* ist schwer, aber vielleicht mögen sie durch beschwingte Musik etwas in Stimmung bringen. Sie können *Fotograf und Modell* spielen oder auch mit Hilfe eines Selbstauslösers den *Fotografen* einsparen. Manchmal ist es einfacher, erst einmal vor dem Spiegel einige Gesichtsausdrücke zu probieren. Wenn Sie beispielsweise das Thema *Gefühle* gewählt haben, stellen Sie sich vor, Sie seien eine Comicfigur, deren Zeichner etwas übertrieben hat. Wie würden Sie aussehen, wenn Sie ausgelassen jubeln, wenn Sie erschrocken oder überrascht sind? Denken Sie sich Situationen aus, in denen die gewählten Gefühle stimmig sind. Das erleichtert ebenfalls, den passenden Gesichtsausdruck zu finden. Vergessen Sie einmal alle guten Vorsätze, sich wohlerzogen und differenziert ausdrücken zu wollen, und übertreiben Sie einfach maßlos. Vergessen Sie beim Fotografieren auch das Zählen der Bilder. Leisten Sie sich das Vergnügen, einmal voller Spielfreude einen Film zu verknipsen. Und denken Sie daran, ein direkter Blickkontakt mit der Kamera wirkt am Ende wie ein wirkungsvoller Flirt mit dem Betrachter des Bildes.

Versuchen Sie, den begonnenen Film zu beenden und die Bilder bald zu entwickeln. Das gemeinsame Betrachten der Resultate der *Foto-Session* wird bestimmt ebenso Freude bringen wie die *Session* selbst.

Selbstverständlich sind anstatt Fotografieren auch Film- und Videoaufnahmen möglich. Häufig aber scheuen wir davor, uns vor laufender Kamera darzustellen, während das Foto nur einen Augenblick lang ein Bild von uns zu machen versucht.

Das bewegte Bild ist uns auch später in der Betrachtung emotional viel näher als eine, dazu möglicherweise noch stilisierte, Fotoaufnahme. Auch wenn wir uns über das tollpatschige Herumlaufen von Kleinkindern in Videofilmen freuen, das Betrachten von einem uns Nahestehenden, dessen abnehmende Kräfte durch bewegte Bilder besonders deutlich werden können, kann eine große emotionale Anforderung für alle Beteiligten werden. In der Realität nehmen wir mit unseren Sinnen selektiv wahr. Wir sehen zunächst nur das, was wir auch im Moment als wichtig erachten. Das technische Auge einer Kamera nimmt dagegen jedes Detail auf, und als Betrachter werden wir somit teilweise unvorbereitet mit Einzelheiten konfrontiert, die wir im Alltag ganz anders wahrnehmen, die für uns im realen Leben auch eine andere Gewichtung besitzen.

Mit der Filmkamera auf Erlebnisreise

Gerade aber Videofilme können auch eine große Hilfe bedeuten, wenn der Betroffene sich gerne ausgesuchte Filme ansieht. Vielleicht haben Sie die Möglichkeit, im laufenden Fernsehprogramm eine Auswahl guter Spiel- und Naturfilme auf Video aufzuzeichnen. Die Aufzeichnung würde dem Betroffenen ermöglichen, jederzeit den Film zu unterbrechen und zu einem späteren Zeitpunkt weiterzuverfolgen. Bei den Rundfunkanstalten können Sie um ein kommentiertes Monatsprogramm der Spielfilme bitten. Gemeinsam mit dem Betroffenen wird sicher schon das Auswählen des individuellen

Filmprogramms Spaß bereiten. Natürlich gibt es auch die Möglichkeit, Filme auszuleihen oder im Handel zu kaufen. Und natürlich besteht auch die Möglichkeit, wie bei einem *Hauskonzert* einmal einen geselligen *Filmabend* anzubieten.

Sicher ist die Auswahl von Filmen Geschmackssache, aber bedenken Sie, daß die sensible emotionale Situation eines Schwerkranken und Sterbenden auch das Erleben von action- oder problemreichen Filmstoffen beeinflußt. Und interessiert sich beispielsweise ein Krebsbetroffener für einen Film über Krebserkrankungen, versuchen Sie dem Betroffenen anzubieten, gemeinsam den Film anzuschauen. Die Möglichkeit zu einem anschließenden Gespräch kann hilfreich sein, daß durch das Thema ausgelöste Gedanken und Gefühle ausgesprochen werden können.

Die Spazierfahrt

Es ist Schwerkranken und Sterbenden nur selten möglich, längere Strecken sich selber zu bewegen. Und auch das Sitzen in einem Rollstuhl fällt möglicherweise schwer. Aber wenn Sie als Begleiter ein Auto haben, könnten Sie vielleicht den Betroffenen zu einer kleiner Spazierfahrt animieren. Eine Spazierfahrt mit dem Auto, bei der der Betroffene einfach nur die Aussicht vom Beifahrersitz genießen lernt. Es gibt keine Notwendigkeit auszusteigen, ein bestimmtes Ziel erreichen zu müssen, aber es wird jede Menge neue Eindrücke vom Leben geben.

Die Spazierfahrt sollte gut geplant sein. Probieren Sie zunächst auf sehr kleinen Strecken (z.B. einmal um den Häuserblock), ob es dem Betroffenen angenehm ist, im Auto zu sitzen. Manchmal können Erkrankungen unseren Gleichgewichtssinn stören, wir empfinden Schwindel, oder eine bereits vorhandene Übelkeit wird durch die Autofahrt verstärkt.

Wenn der Betroffene sich jedoch bei der kleinen Probefahrt wohlfühlt, dann besprechen Sie gemeinsam mit ihm, wie die Spazierfahrt gestaltet werden soll.

- An welchem Tag und zu welcher Tageszeit soll die Fahrt beginnen?
- Versichern Sie dem Betroffenen, daß, sollte er sich an dem betroffenen Tag gerade nicht wohl fühlen, die Spazierfahrt auf einen anderen Tag verlegt werden könnte.
- Wie lange soll die Fahrt in etwa dauern?
- Versichern Sie, daß die Fahrt jederzeit unterbrochen oder abgebrochen werden kann, sobald der Betroffene dies wünscht.
- Gibt es bestimmte Wünsche für das Fahrziel? z. B. ein Waldstück, ein Fluß, ein bestimmter Stadtteil?
- Fühlt der Betroffene sich stark genug, zwischendurch ein Picknick im Auto mitzumachen?

Wenn der Betroffene sehr schnell erschöpft ist, dann fragen Sie ihn, ob es ihm recht ist, über seine Hauskleidung einfach angenehm warme Sachen zu ziehen. Aber in der Regel ist es auch für den Betroffenen schön, wenn er sich extra für den Ausflug ein schönes Kleid, einen guten Anzug anziehen, die Haare nett frisieren oder das Gesicht schminken kann. Planen Sie für die Vorbereitungen zum Ausflug genügend Zeit ein, denn auch die Vorbereitung entscheidet, ob der Ausflug ein gelungenes Unternehmen wird, ob Sie gemeinsam bei dem Unternehmen Spaß und Freude haben.

Schieben Sie den Beifahrersitz ganz nach hinten, legen Sie die Rückenlehne ein klein wenig schräg, und polstern Sie den Sitz und die Rückenlehne mit einer weichen Decke.

Bitten Sie jemanden um Hilfe, um den Betroffenen sicher auf den Beifahrersitz tragen zu können. Um die Haltegurte angenehm zu machen, können Sie sie einfach mit kleinen Kissen oder Frotteehandtüchern polstern. Fragen Sie den Betroffenen, an welchen Stellen ihn noch etwas drückt oder wo er noch eine Stütze gebrauchen könnte: Vielleicht ein Kissen im Nacken? Und gehen Sie in keinem Fall das Risiko ein, als Fahrer für einen nicht angeschnallten Passagier haftbar gemacht zu werden.

Einige Kleinigkeiten können hilfreich sein: Straßenkarte, Uhr, Fotoapparat, Filme, Sonnenbrille, Taschentücher, Bedarf für die Hygiene, Proviant (nach Wünschen des Betroffenen), Medikamente, Adresse und Telefonnummer vom behandelnden Arzt, Plastiktüten (u.a. für Abfall, bei Übelkeit).

Sollte kein Privatauto zur Verfügung stehen, fragen Sie einfach mal bei einem privaten Taxibetrieb an, ob man für einen Ausflug einen Pauschalpreis ausmachen kann. Besprechen Sie vor der Fahrt das Fahrziel und ob Sie bestimmte Wünsche an den Fahrzeugtyp haben: z.B. keinen tiefliegenden, weichgepolsterter PKW, ein Kombi oder Kleinbus, ein rollstuhlgerechtes Auto oder ein spezielles Nichtraucher-Taxi.

Manchmal findet man auch über Kleinanzeigen oder in Ihrer Nachbarschaft Menschen, die Sie gerne auf einer Spazierfahrt chauffieren. Besprechen Sie in aller Ruhe vorher das Fahrziel, den Versicherungsschutz und die Bedingungen für die Spazierfahrt. Vielleicht machen Sie erst einmal eine kleine Probefahrt, um einen Eindruck von der Fahrweise des Fahrers zu erhalten. Neben einer umsichtigen und vorausschauenden Fahrweise sollte der Fahrer vor allem langsam und vorsichtig bremsen und anfahren können, damit dem Betroffenen eine Übelkeit erspart bleibt.

Wenn die Spazierfahrt einen Spaziergang ersetzen soll, so ist eine gemächliche, ruhige und gleichmäßige Autofahrt sicher einem hohen Fahrtempo vorzuziehen. Suchen Sie sich eine Fahrstrecke, wo Sie nicht andere im Verkehr behindern und alle Muße haben, Umgebung und Natur wahrzunehmen, vielleicht auch eine spontane Rast einlegen können.

So eine Spazierfahrt ist natürlich auch bestens geeignet, nicht nur den Film im Fotoapparat endlich einmal zu beenden, sondern auch gleich noch einen nächsten Film zu beginnen und ein neues Fotoalbum mit schönen Erinnerungen an die Spazierfahrt zu gestalten. (Und sollte dann der neue Film wieder mal nicht ganz beendet werden können, dann mögen Sie vielleicht großzügig sein und die Linse mit der Hand bedecken, den Film zu Ende knipsen und zu einem 24-Stunden-Service geben. Sie werden pro nicht belichtetem Bild knapp 10 Pfennig verlieren, haben dafür aber schon bei Ihrem nächsten Besuch dem Betroffenen eine schöne Erinnerung an den gemeinsamen Ausflug als Geschenk mitzubringen.)

Die Phantasiereise

Reisen belebt unsere Sinne. Wir nehmen Licht und Farben, Geräusche und Klänge, Düfte wahr und entwickeln Bilder, die wir in der Erinnerung wieder vor unserem *geistigen Auge* entstehen lassen können. Mit Hilfe unserer Phantasie erinnern wir uns nicht nur an vergangene Reisen, wir können uns auch auf Reisen begeben, die wir real nicht erleben werden. Aber mit Hilfe unserer phantasievollen Vorstellungskraft meinen wir das Licht zu spüren, die Farben zu sehen, Geräusche und Klänge zu hören und Düfte zu riechen.

Viele Schwerkranke und Sterbende haben nicht die Möglichkeit, eine Spazierfahrt zu unternehmen und neue Eindrücke von außen in sich aufzunehmen. Mit Hilfe ihrer Erinnerungen aber erleben sie bereits Erlebtes phantasievoll neu. Und mit Hilfe ihrer Vorstellungskraft ist es auch möglich, sie erneut mit auf eine Reise zu nehmen. Eine solche *Phantasiereise* bedeutet, daß beispielsweise mit Hilfe eines Textes unsere Vorstellungskraft, Gedanken und Gefühle angeregt werden. Der verwendete Text sollte die positiven Stimmungen des Betroffenen unterstützen helfen und daher keine aufregenden und aggressiven Inhalte besitzen. Im Buchhandel sind mitunter auch Kassetten mit Texten für *Phantasiereisen* erhältlich. Wenn Sie selber einen Text vorlesen möchten, dann sprechen Sie gleichmäßig ruhig und ausgeglichen in angenehmer mittlerer Tonlage. Machen Sie nach jedem Bild oder Gedanken eine Pause, die dem *Reisenden* die Möglichkeit gibt, entstehende Bilder phantasievoll auszumalen und mit all seinen Sinnen zu erleben.

Vielleicht mögen Sie als Begleiter zunächst gemeinsam mit einem Menschen Ihres Vertrauens eine *Phantasiereise* unternehmen, bevor Sie den von Ihnen betreuten Betroffenen eine Reise anbieten. Sollten Sie keine Kassette mit einem Text zur Verfügung haben, können Sie den folgenden Text verwenden. Bitten Sie Ihren Partner, sich bequem hinzusetzen oder hinzulegen und, wenn er mag, die Augen zu schließen. Versichern Sie ihm, daß Sie, sollte er dies wünschen, jederzeit die Reise unter- oder abbrechen können.

Manchmal wird es als angenehm empfunden, wenn der *Reisende* zunächst für etwa fünf Minuten zur Ruhe kommt, vielleicht dabei ruhige, klassische Musik hört, bevor Sie gemeinsam die *Reise* beginnen.

Ein Text zur *Reise*-Begleitung

- Stellen Sie sich vor, Sie unternehmen einen gemütlichen Spaziergang. Von einer lauten großen Straße biegen Sie in einen kleinen und ruhigen Feldweg.
- Links und rechts von Ihnen erstrecken sich weite Wiesen, auf denen Kühe grasen.
- Eine der Kühe beginnt zu muhen.
- Sie bleiben stehen und entdecken bunte Wiesenblumen und Gräser.
- Nach einiger Zeit gehen Sie gemächlich weiter.
- Ihr Weg führt in ein kleines Wäldchen. Das gedämpfte Licht des Wäldchens wird von einigen Sonnenstrahlen durchbrochen, die sich durch das Dickicht schlagen können.
- Sie spüren den weichen Waldboden mit den Tannennadeln unter ihren Füßen. Tannenzapfen liegen am Boden, und Baumwurzeln kreuzen ihren Weg.
- Irgendwo ist ein Specht bei der Arbeit.
- Sie erreichen eine kleine Lichtung.
- Auf dieser Lichtung finden Sie einen trockenen, mit grünem Moos bedeckten Platz.
- Sie legen sich nieder, schließen die Augen und nehmen die Gerüche ihrer Umgebung auf: das Moos, die Erde, das Harz die Tannenzapfen, kleine Blümchen ...

- Sie nehmen die Geräusche um sich herum wahr: das Klopfen des Spechtes, die Eichhörnchen, die an den Zapfen knabbern, der leichte Wind in den Zweigen, ein fallender Tannenzapfen ...
- Sie spüren, wie Sie die Sonne wärmt: auf dem Gesicht, den Armen und Händen, dem Körper und den Beinen ...
- Sie spüren, wie diese Wärme von ihrer Vorderseite zum Rücken hindurchströmt und wie es ihnen am ganzen Körper angenehm warm wird.
- Sie spüren Ihren Atem, der Ihren ganzen Körper zu füllen versucht. Der Atem fließt über die Nase ein und streicht sachte über die leicht geöffneten Lippen aus dem Körper.
- In der Ferne hören Sie das sanfte Fließen eines Baches.
- Sie bewegen langsam ihre Zehenspitzen, streicheln mit den Händen das Moos, auf dem Sie liegen, und beginnen sich zu räkeln.
- Langsam öffnen Sie die Augen.

Manchmal dauert es erst eine geraume Zeit, bis der *Reisende* wieder in der Realität angekommen ist. Lassen Sie sich und dem *Reisenden* für die Ankunft Zeit. Vielleicht mag der *Reisende* später über seine Reiseeindrücke erzählen, aber drängen Sie ihn nicht. Nur wenn der *Reisende* von sich aus Gesprächsbereitschaft signalisiert, können Sie auch mal die ein oder andere der folgenden Fragen an ihn stellen.

- War die Reise für ihn angenehm?
- Wie sah die Landschaft aus? Ist es ein ihm bekannter Ort?
- Erinnerte dieser Spaziergang ihn an bereits erlebte Spaziergänge?
- Welches Licht und welche Farben hat er wahrgenommen?
- Welchen Tieren oder anderen Lebewesen ist er begegnet?
- Welche Gerüche hat er wahrgenommen?
- War es angenehm, auf dem Moos zu liegen?
- War die Sonne warm genug, oder war der Waldboden noch zu kühl?
- Hatte der fließende Bach für ihn eine besondere Bedeutung?

Phantasiereisen können, durch die Konzentration auf eine bestimmte Geschichte, helfen zu entspannen. Wenn wir uns auf etwas bewußt und gerne konzentrieren, treten unangenehme Empfindungen, wie beispielsweise störende Geräusche oder Schmerzen, vorübergehend in den Hintergrund. So ist es uns möglich, durch die bewußte Konzentration auf angenehme Dinge auch angenehme Empfindungen hervorzurufen. Wenn wir die in der Phantasie erlebten Empfindungen als wertvolle Erfahrungen für uns entdecken können, besteht die Möglichkeit, auch in der Erinnerung an sie, für uns ein positives und angenehmes Lebensgefühl zu erwecken.

Eine *Phantasiereise* sollte vor allem die angenehmen, ausgeglichenen und kraftspendenen Gefühle zu wecken versuchen. Nur dann kann sie sowohl für den Schwerkranken eine erfreuliche Abwechslung im Erleben seines Alltages bedeuten wie auch, durch die Entdeckung eigener farbenfroher und metaphorischer Phantasien eine wichtige Hilfe für den Sterbenden im Umgang mit dem Abschiednehmen werden.

Meditation und Gebet

So wie die *Phantasiereise* mit Hilfe der Konzentration auf eine Geschichte unsere Vorstellungskraft mobilisiert, so ist die Konzentration auch für Meditation und Gebet wichtig. In der Meditation und im Gebet richten wir unsere Gedanken auf ein Wort, einen Spruch oder einen längeren Text. Mit Hilfe der Konzentration versuchen wir, unser Bewußtsein ganz auf den *Sinn* dieses Wortes, Spruches oder des Textes zu lenken und merken nach einiger Zeit, daß dieses gerade dann besonders gut gelingt, wenn unser Kopf ganz *leer geworden* ist, wir uns vom Alltag *gelöst* haben und *ganz bei der Sache sind*. Und erst, wenn wir nicht mehr *emsig* und *verbissen* versuchen, nur den Sinn des Textes zu erfassen, entsteht in uns eine *Klarheit*, eine *Gelöstheit*, die uns den für uns wichtigen Sinn *hinter dem Text* erlebbar werden läßt. *Meditation und Gebet sind Wege zum Gelöstsein*.

In jeder Kultur, in jeder Religion gibt es viele verschiedenen Wege der Meditation und des Gebetes. Jeder Mensch hat seine ganz persönlichen Erfahrungen mit Meditation und Gebet. Diese Erfahrungen können positiv oder negativ geprägt sein durch Kindheitserlebnisse oder auch durch die Schwierigkeiten im Wechsel vom Kinderglauben zum Glauben eines erwachsenen Menschen. Aber jeder Mensch hat auch zu jeder Zeit seines Lebens immer wieder die Chance, erneut Glaubenserfahrungen zu erleben. Manchmal werden uns Erlebnisse *geschenkt*, die für uns eine *Glaubenserfahrung* bedeuten. Oft aber ist es gerade *der Weg* der Suche nach dem persönlichen Glauben, der für uns *Glauben* bedeuten kann.

Glauben ist Dialog und Vielfalt. Meditation und Gebet sind ein Dialog. Ein Dialog mit sich, gemeinsam mit anderen Menschen, mit einem Engel, mit Jesus, mit dem Herrn. Der Dialog in der Meditation und im Gebet unterliegt keinem Reglement. Es gibt keine Sprache, keine Form, die vorgeschrieben ist, und ein freies, persönliches Gebet findet ebenso Verständnis, wie ein Gebet in traditioneller Form. Traditionelle Gebetsformen können jedoch durch Konzentration auf den bekannten Text und die wiederkehrenden Rhythmen helfen, sich von alltäglichen Gedanken zu lösen. Auch ermöglichen sie es, daß Menschen gemeinsam das gleiche Gebet sprechen können.

Glaube meint Vertrauen und Hoffnung. Glaube bedeutet Vertrauen. Ich vertraue mich an. Ich vertraue meine Gefühle, meine Nöte und Wünsche in Meditation und Gebet jemanden an, der mir nahe ist, den ich aber nicht sehen, nicht hören, nicht fühlen kann. Und Glauben bedeutet auch, ich vertraue auf mein Erleben, daß meine Worte, ob still oder gesprochen, von dem, der mir zuhört angenommen werden; daß *ich angenommen bin.* Und Glauben meint auch Hoffnung. Ich hoffe, daß ich auf einen Dialog in Meditation und Gebet vertrauen kann. Ich hoffe, daß meine Worte und meine Gedanken *er*hört werden.

Glauben kann Alleinsein, eine zeitweise Zurückgezogenheit bedeuten. Wenn Glauben jedoch ein Dialog meint, ist Glauben in Einsamkeit schwer vorstellbar. Vor allem aber ist Glauben in Gemeinschaft erlebbar, wenn wir mit Glauben eben einen Dialog meinen, der aus *Geben und Nehmen* besteht.

Vielleicht ergibt sich für Sie als Begleiter die Möglichkeit, mit dem Betroffenen über seine Erfahrungen zu Religion und Glauben zu sprechen. Drängen Sie ihn jedoch nicht dazu, und erwarten Sie keine detaillierten Erlebnisberichte. Wir wollen akzeptieren, daß Glaubenserfahrungen für einen Menschen etwas sehr Wertvolles bedeuten können, daß man sie nicht jeder Zeit offenlegen und mit jedem teilen möchte.

Annäherung an einen Meditationstext

Vielleicht möchten Sie einmal für sich oder auf Wunsch auch mit dem Betroffenen einen Meditationstext lesen. Bereiten Sie in aller Ruhe die Auswahl und das Lesen des Meditationtextes vor. Es ist günstig, wenn der Text nicht zu lang ist und etwa 20-30 Zeilen nicht überschreitet.

- Gibt es ein Gebet oder einen Text, welches/welcher der Betroffene besonders gerne lesen möchte?
- Interessiert ihn eine bestimmte Stelle in der Bibel oder in anderen religiösen Schriften? (z.B. Ps 23; 139; Mt 6,9; Koh 3)
- Gibt es vielleicht das gemeinsame Interesse, sich einmal in einer Buchhandlung über Meditationstexte informieren zu lassen? (s.a. *Daiker u.a.; Mello; Shah; Sperl*)

Nehmen Sie sich Zeit, den Meditationsraum besonders schön herzurichten. Vielleicht mögen Sie an der Tür des Raumes ein Schild aufhängen, daß Sie für eine begrenzte Zeit einmal nicht gestört werden möchten. Vielleicht auch zünden Sie eine Kerze an oder stellen eine besonders schöne Blume auf den Tisch. Und wenn Sie dann den Text in Ruhe lesen, kann es sein, daß der Textinhalt, einzelne Wörter oder Gedanken, nun mit

Ihrem eigenen Leben, vielleicht auch ganz konkret mit Ihrer aktuellen Situation, in Verbindung zu stehen scheinen.

Vielleicht mögen Sie auch einmal einen Text in verschiedenen Rollen erleben. Wählen Sie einen kurzen Text, in dem mindestens zwei Personen vorkommen (s.a. *Kornfield/Feldman*). Lesen Sie zunächst den Text laut vor, und nach einer kleinen Pause wiederholen Sie ihn.

- Welche Gedanken kommen Ihnen beim Lesen des Textes?
- Versuchen Sie jetzt einmal, das dargestellte Geschehen aus der Perspektive der verschiedenen im Text vorkommenden Personen mit Ihren eigenen Worten wiederzugeben. Welche Person würden Sie gerne übernehmen?
- Wenn Sie mögen, bleiben Sie in diesem Rollenspiel, und erzählen Sie die Geschichte weiter. Was haben die Personen zuvor erlebt, daß es zu der geschilderten Situation gekommen ist? Wie werden sie weiter miteinander leben? Der Phantasie sind im Erzählen keine Grenzen gesetzt.
- Hat sich für Sie durch das Rollenspiel die Aussage des Textes verändert? Welche Aussagen haben für Sie durch das Spiel an Bedeutung gewonnen?

Der Dialog am *Du* ist ein spiritueller Schritt: Die Konzentration auf die Wahrnehmung, das Hören und das Annehmen des Eigenen und des anderen sind wichtige Übungen in einer Meditation, deren Grundlage das *Loslassen* bildet und deren Ziel das *Gelöstsein* ist.

VI. *Miteinander Abschiednehmen*

Für einander *da sein* meint auch, miteinander Abschiednehmen. So, wie wir die gemeinsame Begegnung schätzen lernen, möchten wir auch versuchen, im Abschiednehmen *das* zum Ausdruck zu bringen, was für uns das *Dasein* bedeutet hat.

> *Abschiednehmen ist die Summe aller Eindrücke einer Begegnung, welche wir mit unserer Sprache und Gestik versuchen zum Ausdruck zu bringen.*

Wenn wir einen Menschen in seiner letzten Lebensphase begleiten, haben wir oft die Gelegenheit, gemeinsam mit ihm noch einmal Stationen seines Lebens nachzuvollziehen. Wenn wir Teil seines Lebens waren, sind einige seiner Stationen, ein Teil seines Lebens auch unseres. Gemeinsames Abschiednehmen heißt, auch sich noch einmal gemeinsame Wegstrecken ins Gedächtnis rufen zu können, über lustige Erinnerungen gemeinsam lachen zu können und auch sich zu trauen, über traurige Ereignisse gemeinsam zu weinen. Abschiednehmen bedeutet, in einer vertrauten Atmosphäre die Geborgenheit des Miteinander zu erleben. Nehmen Sie sich Zeit und Muße, diese besonderen Momente des gemeinsamen *Daseins* zu erleben.

Kommen wir als Sterbebegleiter von außen in die Familie, so haben wir manchmal die Gelegenheit, insbesondere wenn sich eine vertrauensvolle Beziehung zu dem Betroffenen und seinen Angehörigen entwickeln konnte, ebenfalls ein intensives Miteinander-Abschiednehmen zu erleben. Oft ist es gerade der Sterbebegleiter von außen, der ein entspanntes

Abschiednehmen in der Familie allein durch seine Anwesenheit unterstützen kann. Denn wenn die einzelnen Familienmitglieder in ihren Aufgaben entlastet und in ihrer Trauerarbeit unterstützt werden können, entsteht in ihnen die Kraft und der Wunsch, ganz bewußt den Abschied zu erleben und vielleicht sogar auch mitzugestalten.

Sterbebegleiter, die häufig Sterbenden begegnen, haben oft ein Gefühl dafür, wann Menschen sterben. Doch wäre es schade, wenn man als Angehöriger und Sterbebegleiter bis zu diesen letzten Momenten des Lebens mit dem Abschied warten würde. Abschiednehmen in der letzten Lebensphase muß nicht heißen, darauf zu warten, bis ein Arzt oder Pfleger sagt: *„In den nächsten Stunden wird Ihr Vater wohl sterben. "*

Wenn wir davon ausgehen dürfen, daß es möglicherweise mehrere Bewußtseinsebenen gibt, dann ist es durchaus möglich, daß der Mensch während des Sterbens einen Weg durch diese Bewußtseinsebenen zurücklegt. Der Mensch scheint, wie im Leben, so auch im Sterben nach *vorne* ausgerichtet. Sein Weg geht aus dem Leben ins Sterben, und in dieser letzten Phase nimmt bei vielen Sterbenden das Interesse an ihrer Umwelt Schritt für Schritt ab. Diese Loslösung aus dem Leben scheint sehr wichtig und hilfreich für die Sterbenden. Wenn wir sie aber erst in dieser wichtigen Phase auf uns und einen gemeinsamen Abschied lenken wollen, fordern wir ihre Aufmerksamkeit und unterbrechen sie in einem für sie wichtigen Schritt nach vorne.

Nehmen wir uns Zeit für den Abschied. Haben wir keine Angst, Abschied zu nehmen, auch wenn doch der uns liebe Mensch noch am Leben ist. Jeden Tag verabschieden wir uns beim alltäglichen Auseinandergehen von Menschen. Nehmen wir die Gelegenheit wahr und nehmen von einem Menschen, der im Sterben liegt, Abschied zu einem Zeitpunkt, wo es gut ist, der nach unserem Gefühl gut gewählt ist. Dieser Abschied wird etwas Besonderes sein, für beide, auch wenn danach noch viele Wiedersehen möglich sind. Dieser besondere Abschied gibt den Sterbenden für das Sterben frei.

Ängste und Sorgen im vertraulichen Gespräch

Der Abschied von einem Sterbenden bedeutet nichts *Endgültiges*. Wir können jederzeit, jetzt, morgen und wenn er bereits gestorben ist, noch Gedanken hinzufügen. Aber solange er lebt, haben wir noch die Möglichkeit, in sein Gesicht zu sehen, seine Augen wahrzunehmen, seine Hände zu spüren, mit ihm zu lachen und mit ihm gemeinsam zu weinen. Wir haben die Chance zu einem Dialog, einem Dialog, der für uns unmittelbar erlebbar ist.

Tiefe Dialoge können von den Ängsten der Zukunft und den Sorgen um die Hinterbliebenen handeln. Gerade in Familien weiß man in der Regel gut über die Nöte des anderen Bescheid. Wie wird die Familie ohne den Vater auskommen, der bisher für das Einkommen gesorgt hatte? Oder: Wie werden die noch kleinen Kinder den Verlust der Mutter verkraften? Aber auch: Wie sollen die Eltern, deren Kind im Sterben liegt, mit dem leeren Stuhl am Eßtisch leben können? Oder: Was wird man, wenn die alten Eltern gestorben sind, vermissen, wenn keiner mehr „*Kind*" zu einem sagt? Und: Wie wird man die Familienfeste feiern können? Wer wird sich weiter um die Familie kümmern? Wie sollen die wirtschaftlichen Probleme aufgefangen werden? Vor allem aber: Wie sehr wird man die Zärtlichkeiten des Partners vermissen? Oder: Wie soll man es ertragen, daß die Stimme des Kindes, sein Lachen nicht mehr zu hören sein wird?

Vielleicht entwickelt sich aus der gemeinsamen Trauer eine Vision, wie das Leben sich weiterentwickeln könnte. Wünsche oder gar Erwartungen an das weitere Leben der Familie, die der Begleiter dem Sterbenden zu erfüllen verspricht, sind nicht unproblematisch. Wie die Familie den Betroffenen loslassen muß, so muß auch dieser versuchen, sein Leben und seine Familie loszulassen. Er wird seinen Weg gehen. Die Familie wird versuchen, ihren Weg im Leben zu gehen. Versprechungen können die Loslösung und den Trauerprozeß sowie auch die weitere Lebensentwicklung behindern.

Das Gespräch gibt beiden, dem Sterbebegleiter wie auch dem Betroffenen, der im Sterben liegt, die Möglichkeit für zwei *lebens-* und *sterbenswichtige* Gesten: Wir, sowohl der Sterbebegleiter als auch der Sterbende, haben zum einen die Chance, um Verzeihung zu bitten für Dinge, die wir dem anderen angetan haben; zum anderen ihm zu danken für Dinge, die er uns im Leben geschenkt hat. Es ist nicht immer ganz einfach, Worte für all dies zu finden, was wir gerne dem anderen sagen wollen: *„Du weißt, was ich dir jetzt sagen möchte ... "* Aber wir spüren, wenn Augen und Herz sprechen, und durch die Wahrhaftigkeit wird Abschied möglich.

Umgang mit Schuld und Vergebung

Während unseres Lebens begegnen wir Situationen, in denen wir durch unser Verhalten schuldig werden an einem anderen Menschen. Unser Handeln empfinden wir selber im nachhinein als nicht angemessen, und immer dann, wenn wir uns an dieses Erlebnis erinnern, fühlen wir Scham. Gerade in der letzten Lebensphase bedrücken diese Erlebnisse von Schuld, insbesondere dann, wenn noch kein Weg der Vergebung gefunden werden konnte.

Manchmal ist uns gar nicht so klar, ob wir nun *nur Schuldgefühle* entwickelt haben, die uns etwas über unser Selbstwertgefühl sagen wollen, oder ob eine *tatsächliche Schuld* vorhanden ist. So wichtig dieser Unterschied für das Zusammenleben und die Dialogfähigkeit sein kann, im Rahmen einer Sterbebegleitung besitzt diese Unterscheidung nur einen relativen Wert. Wichtig ist: Hier ist ein Mensch, unabhängig von seiner subjektiv empfundenen oder objektiv exitierenden Schuld, der angenommen sein möchte. Als Sterbebegleiter wollen wir nicht über die Art der Schuld werten, wir können aber das Gefühl des Betroffenen ernst nehmen. Am Ende des Lebens scheint nicht mehr die Definition der Schuld vorrangig, vielmehr: einen möglichen Weg aufzuzeigen, der Mut macht, wie der Betroffene mit seiner Schuld leben, vielleicht sogar Vergebung oder das Gefühl der inneren Ruhe finden kann.

Schuld ist nur ertragbar, wenn wir Hoffnung auf Vergebung haben dürfen. Das Gefühl der Schuld ist für uns so schwer zu ertragen, daß wir uns versucht sehen, das Geschehene in Gedanken beiseite zu schieben, es zu verdrängen. Manchmal auch möchten wir uns selber nicht schuldig sehen und sind schnell dabei, wenn die Möglichkeit besteht, einem anderen die Schuld zuzuschieben. Oft erleichtert es uns bereits scheinbar, wenn wir dem anderen nur die Ursache des Schuldigwerdens vorwerfen können.

Der sterbende Ehemann zu seiner Ehefrau: *„Hättest du damals nicht immer seine Partei ergriffen, ihm auch noch Geld zugesteckt, dann hätte ich gar nicht so weit gehen müssen, unseren Sohn aus dem Haus hinauszuschmeißen. Dann würde er mich jetzt vielleicht auch besuchen wollen."*

Oder die sterbende Mutter zu ihrem Sohn: *„Du mußtest aber auch immer deiner Frau recht geben. Vielleicht wäre alles anders gekommen, und meine Enkelkinder würden mich auch mal hier im Altenheim besuchen. Jetzt kommst du auch nur noch einmal im Monat vorbei."*

Schuld kann überall da gelebt werden, wo Menschen miteinander in Beziehung kommen. Mit jeder Begegnung kann ich auch schuldig werden. In einer Begegnung mit anderen Menschen gehe ich nicht nur das Risiko von Mißverständnissen ein, ich kann durch mein Handeln auch jeder Zeit, bewußt oder zunächst unbewußt, schuldig werden. Erkenne ich eine Schuld, so ist es wichtig, erneut in Beziehung zu treten mit jenem Mitmenschen, an dem ich schuldig geworden bin. Eine Verweigerung an dieser Beziehung würde ein bewußtes Schuldigwerden bedeuten, denn ich weigere mich, den anderen um Vergebung zu bitten. Der Verletzte kann erst durch eine erneute Beziehung mit dem Schuldner dessen Schuld verzeihen lernen.

Das menschliche Handeln ist an sich auf ein Gelingen, nicht auf ein Schuldigwerden ausgerichtet. Wenn wir nun doch einmal schuldig werden, dann stehen unserer Psyche verschiedene Schritte im Umgang mit der Schuld zur Verfügung.

1. Wir versuchen die Schuld von uns zu weisen, sie abzu-
schieben.
2. Wir verdrängen unsere Schuld.
3. Wir beginnen und versuchen, unsere Schuld zu verarbeiten.

Die Ziele einer *Verarbeitung der eigenen Schuld* könnten
lauten:
1. Die Schuld fragt nach Vergeltung,
   nach einem angemessenen Ausgleich.
2. Die Schuld verlangt nach Vergebung,
   bittet um Verzeihung für das Leid.
3. Die Schuld sucht nach Versöhnung,
   einem gemeinsamen Band des Friedens.

Warum aber sollte man sich nun auf den gar nicht so einfachen
Weg der Schuldverarbeitung machen? Verantwortung für seine Schuld übernehmen heißt, als mündiger Mensch auch die
Verantwortung für das eigene Handeln und einen daraus ent-
standenen möglichen Schaden zu übernehmen. Erst indem ich
meine Verantwortung gegenüber der Schuld zeige, wird eine
Versöhnung möglich und besteht die Hoffnung auf einen inneren, seelischen Frieden.

Für einen sich-schuldig-fühlenden Menschen ist es nicht
einfach, mit anderen Menschen über die Situation der Schuld
zu sprechen. Vor allem wenn es Angehörige oder Freunde sind,
hindert die Scham, sich über seine Schuld auszusprechen. Gerade aber am Ende des Lebens kann die Schuld sehr be-
drückend wirken. *Wie werde ich mit meiner Schuld sterben
können?* Oder auch: *Könnte ich noch einmal diesen Menschen, an dem ich schuldig geworden bin, treffen, ihn um Verzeihung bitten?*

Eine einfühlsame Begleitung, vielleicht durch einen außen-
stehenden Sterbebegleiter, kann in der Verarbeitung von Schuld
sehr hilfreich sein. Vertrauensvolle Gespräche über die Situation, die zur Schuld führte, sowie weitere Lebensumstände
können den Betroffenen helfen, für sich neue Wege im Umgang mit der Schuld zu suchen.

Schuld entsteht durch menschliche Beziehungen. Und Schuld kann vergeben werden durch eine wiederaufgenommene Beziehung der beteiligten Menschen. Vergebung und eine mögliche Versöhnung entstehen auf der Basis einer Wiederannäherung der zunächst noch gestörten Gemeinschaft. Dabei dürfen die Beteiligten allerdings nicht erwarten, daß die durch die Schuld entstandene Verletzung ungeschehen gemacht werden kann. Oder daß durch eine Versöhnung die Beziehung zueinander wieder wie zuvor sein wird. Das Erlebte wird, im günstigen Verlauf, zu einer Reifung der Beziehung führen. Vergebung und Versöhnung kann die Gemeinschaft wieder erlebbar machen helfen und das Geschehene als einen Teil des gemeinsamen Lebens zu erfahren suchen.

Der Weg der Schuldbewältigung ist ein partnerschaftlicher Weg, der *den* Menschen benötigt, an dem man schuldig geworden ist. Die erneute Ansprache ist ein Wagnis, sich diesem Menschen anzuvertrauen.

Vielleicht wird es für den Sterbenden möglich sein, noch einmal den für seine persönliche Schuldbewältigung wichtigen Menschen zu begegnen (ggf. auch über Brief oder Telefon). Da aber oft Menschen aus der ferneren Vergangenheit betroffen sind, kann es problematisch werden, ihren Aufenthaltsort ausfindig zu machen, möglicherweise sind sie bereits verstorben. Als Sterbebegleiter haben wir dann die Chance, dem Betroffenen durch die Meditation einen weiteren Weg der Schuldverarbeitung aufzuzeigen. In einem Gebet oder in einer Meditation können wir unsere Gedanken auf die Situation der Schuld richten, auf die beteiligten Menschen sowie auf unser eigenes schuldhaftes Handeln. Wenn wir den Menschen, an denen wir schuldig wurden, nicht mehr leibhaftig begegnen können, so können wir sie aber in unseren Gedanken um Verzeihung bitten.

Vielleicht haben Sie bereits in Ihrem Leben die Erfahrung gemacht, daß Ihre Gedanken auch andere Menschen erreichen. Wir wissen nicht, wie diese Gedanken Verstorbene erreichen können, aber wir können hoffen, daß unsere Gedanken und unsere Bitte um Versöhnung erhört werden.

Die folgende Meditation steht als Beispiel für viele hilfreiche meditative Wege, die Schuld zu bewältigen, wenn eine reale Zusammenkunft der Betroffenen nicht mehr möglich ist.

<u>Kleine Meditation:</u> *Bitte um Vergebung der Schuld*
Das *Zauberwort* für die Vergebung der Schuld heißt „*Bitte!*" Aber kann unser „*Bitte!*" überhaupt gehört werde, wenn da keiner ist, den wir um Vergebung bitten können?

- Schließen Sie bitte die Augen.
- Nehmen Sie sich die Zeit und Ruhe, in sich hinein zu lauschen.
- Stellen Sie sich vor, Sie sind in einer großen Schlucht, umgeben von hohen grauen Felsen.
- Noch sehen Sie nur diese Felsen um sich herum.
- Sie haben keine Angst, aber Sie spüren Ihre Anspannung.
- Sie ahnen, daß am Ende der Schlucht ein Ausgang sein muß,
- daß über Ihnen die Schlucht sich zu einem Himmel öffnen wird,
- aber Sie können ihn nicht sehen.
- Sie setzen sich auf einen Felsbrocken nieder, und besinnen sich auf den Moment, in dem Sie schuldig geworden sind.
- Was war da um Sie herum? Sie hören wieder die Geräusche von damals.
- Sie sehen wieder das Licht und nehmen die Gegenstände war.
- Welche Personen waren um Sie herum? Wo standen oder saßen Sie?
- Und dann wurde auch gesprochen.
- Sie hören einzelne Wörter, ganze Sätze.
- Sie sehen die Gesichtsmimik Ihres Gegenübers, seine Gesten.
- Erinnern Sie sich noch an Ihre Gefühle von damals? Wie haben Sie sie geäußert?
- Welche Wörter, welche Gesten haben Sie verwendet?
- Halten Sie bitte kurz inne, als würden Sie einen Film anhalten können. Betrachten Sie die Szene!
- Gibt es etwas, was Sie gerne rückgängig machen würden?

- Trauen Sie sich, dies den beteiligten Menschen jetzt zu sagen!
- Versuchen Sie, ihnen alles zu sagen, was Sie ändern möchten.
- Das Bild der vergangenen Szene wird jetzt langsam nach und nach vergehen.
- Sie sitzen auf einem Felsbrocken in der großen Schlucht.
- Sie fühlen sich matt und erschöpft, haben aber die Kraft, sich langsam zu erheben und stehen in der Mitte der Schlucht.
- Sie haben die ganze Schlucht für sich alleine.
- Versuchen Sie jetzt an die Menschen zu denken, an denen Sie schuldig geworden sind.
- Sie haben alle Freiheit, jetzt um Vergebung Ihrer Schuld zu bitten.
  Rufen Sie, so laut Sie mögen. Es kann auch nur das eine Wort sein: *„Bitte!"*
- Horchen Sie in die Schlucht hinein.
- Wandern Sie langsam durch diese Schlucht. Nehmen Sie sich Zeit. Wenn ein belastender Gedanke vor Ihnen auftaucht, wiederholen Sie ruhig: *„Ich bitte um Verzeihung!"*
- Vielleicht entdecken Sie irgendwo ein Stück des Himmels über der Schlucht, oder Sie erreichen das Ende der Schlucht.
- Setzen Sie sich dann erneut nieder auf einen der Felsbrocken.
  Und wenn Sie mögen, sagen Sie *„Danke!"*

Durch die Begegnung mit unserer eigenen Schuld werden wir nicht zu Unschuldigen oder *Heiligen*. Durch den Mut, unserer eigenen Schuld begegnen zu können, werden wir zu *Menschen*. Wenn wir in uns das Vertrauen suchen, dieser Schuld zu begegnen, haben wir die Chance, um Versöhnung zu bitten. Nicht immer ist für uns der Weg durch die *Schlucht*, durch die Verarbeitung unserer Schuld einfach zu finden. Das Ende der Schlucht oder das Himmelslicht über uns können wir nicht immer erkennen. Aber mit jedem *„Ich bitte um Verzeihung!"* sind wir dem Ausgang aus der Schlucht und dem Blick in den Himmel ein Stück näher gekommen. Dabei kann keiner wissen, wie häufig ein Mensch um Verzeihung bitten wird, bis er diesen Punkt auf seinem Weg erreicht. Jeder Weg, auch der der Schuldbewältigung, ist ein sehr individueller Weg und ist Teil unseres gesamten Lebensweges.

Gehen wir eigentlich ganz alleine durch diese Schlucht? Woher nehmen wir die Kraft und den Mut, diesen Weg auf uns zu nehmen? Vielleicht ist es das vertrauensvolle Wissen, daß über der Schlucht ein Himmel und am Ende der Schlucht ein Ausgang sein wird. Neben diesem vertrauensvollem Wissen steht die Hoffnung, daß jeder von uns den Himmel erblicken und das Ende der Schlucht erlangen kann. Dieses vertrauensvolle Wissen und diese Hoffnung bilden die Basis für einen ganz persönlichen Glauben. Einen Glauben, daß die Erlösung von der seelischen Not möglich ist.

Eine Meditation zu dem Thema Schuld und Vergebung kann beispielsweise auch über das Lesen von geeigneten Texten angeregt werden. Im Anhang dieses Buches finden Sie ausgewählte Bibelstellen zu diesen und anderen Themen.

Menschen, die wir aus den Augen verloren haben, neu begegnen können

Wie können wir eine Wiederbegegnung nach Jahren des Schweigens gestalten? Das Schweigen betrifft Menschen, die sich eine lange Zeit nicht begegnet sind, aber auch beispielsweise Familienmitglieder, die trotz der zeitweisen Begegnungen, z.B. auf Familienfesten, keine Möglichkeit fanden, miteinander über jene Themen zu sprechen, welche ihnen nun vielleicht wichtig geworden sind.

Es ist nicht ganz einfach, einem Menschen zu begegnen, den man lange Zeit aus den Augen verloren hat. Wie ist sein Leben seit der letzten Begegnung verlaufen? Wird er sich noch an mich erinnern? Hat er noch Interesse an einer Begegnung mit mir? Ist eine bestimmte Situation, die mir so wichtig war, noch in seinem Gedächtnis, ihm vielleicht auch wichtig? Wie kann man so eine Begegnung überhaupt erbitten, beginnen?

Eine schöne Möglichkeit ist es, wenn man eine Einladung zu einer gemeinsamen Unternehmung mit Hilfe der Post versendet. Eine Postkarte oder ein kleiner Brief geben dem anderen die Gelegenheit, in aller Ruhe auf die Einladung zu reagieren. Als Sterbebegleiter können wir z.B. eine Auswahl von schönen Postkarten oder von farbigem Briefpapier sowie unsere Hilfe beim Schreiben anbieten.

<u>Einige Tips für eine erste Begegnung</u>
- Es ist einfacher, wenn die Begegnung zunächst zeitlich begrenzt ist.
- Ein wiederholtes Treffen und die Vorfreude darauf ist manchmal schöner, als sich bei einer Begegnung restlos zu verausgaben.
- Um eine seelisch belastende Wartezeit zu vermeiden, ist es besser, einen nahen Termin der Begegnung vorzuschlagen.
- Die Zeit der Begegnung sollte den Zeitraum betreffen, in dem der Betroffene sich normalerweise am kräftigsten fühlt.
- Eine Begegnung ist zwangloser, wenn man sich auf einem *neutralen* Boden trifft,
  also nicht daheim, vielmehr besser einen kleinen Ausflug macht.
- Wenn man unsicher ist, ob man sich überhaupt noch etwas zu sagen hat,
  ist es besonders schön, wenn man das Treffen mit einer Unternehmung verbindet
  wie einem kleinen Konzert, einem Besuch im Theater, Museum oder Tierpark usw.
- Wenn der Betroffene Hilfe benötigt, ist ein kleiner gemeinsamer Spaziergang angenehm,
  bei dem z.B. während einer Pause bei Parkbänken die Begleitung des Betroffenen sich auch einmal dezent entfernen kann.
- Wenn der Betroffene sein Heim nicht verlassen kann, ist es aber auch möglich, spielerisch die Einladung so zu formulieren, als würde sein Besucher und er sich z.B. in einem

Café treffen. Mit ein bißchen Hilfe und Lust am Spiel kann man mit einfachen Mitteln auch daheim eine Kaffeehausatmosphäre basteln. Die veränderten Räumlichkeiten können dem Betroffenen und seinem Gast über eine mögliche anfängliche Befangenheit hinweghelfen. Und wenn jeder am Rollenspiel Gefallen findet, dann gibt es bestimmt viel zum Lachen.

- Je phantasievoller eine Einladung zu einer gemeinsamen Begegnung ist, um so größer die Neugierde des Besuchers, und um so weniger groß sind möglicherweise die Bedenken bzgl. dieser Wiederbegegnung.

Vor einer Wiederbegegnung stehen eigene Wünsche und Erwartungen an das Treffen, die Vorfreude, aber auch Bedenken und Furcht, wie die Begegnung sich entwickeln wird. Als Begleiter haben wir die Möglichkeit, in der Zeit des Wartens auf die Begegnung dem Betroffenen unser Ohr zu *leihen*. Manchmal hilft es Betroffenen, wenn sie immer wieder Variationen einer möglichen Wiederbegegnungsszenerie durchspielen.

Das Abschiednehmen im Ordnen der persönlichen Dinge

Was machen wir, wenn wir auf eine Reise gehen? Wir planen, was wir mitnehmen, was wir zurücklassen, wer von unseren Freunden, sich um das Haustier oder die Pflanzen kümmern mag. Wir schauen noch einmal nach, ob auch unsere persönlichen Dinge geordnet sind, ob wir Geld, den Paß und die Tickets für die Reise bereitgelegt haben. Das Ordnen unserer persönlichen Dinge ist eine wichtige Vorbereitung für den nächsten Schritt, den wir machen möchten. Wir bereiten uns im Ordnen unseres Lebensraumes auch seelisch auf die Reise und den Aufenthalt an dem anderen Ort vor. Wir entscheiden uns, was wir in der Zukunft benötigen und welche Dinge wir zurücklassen können, wen wir umsorgt haben möchten und was wir benötigen, damit wir uns selber umsorgt fühlen. Das Beschäftigen mit dem Ordnen unserer persönlichen Dinge ist ein wichtiger Schritt für die Zukunft, heißt es doch in den vielen kleinen Entscheidungen Vergangenes im Guten – wenn auch nicht immer leicht – zurücklassen, verabschieden zu können und sich dadurch für den weiteren Weg auch seelisch Erleichterung zu schaffen.

Das Ordnen von persönlichen Dingen ist Teil des Lebens. Aber gerade in Zeiten der Krankheit, von persönlichen Krisen und insbesondere in der letzten Lebensphase erlangt die Beschäftigung mit persönlichen Dingen für viele Menschen eine große Bedeutung. Als Kranken- und Sterbebegleiter können wir die Betroffenen nur ermutigen, sich ihren persönlichen Dingen zu widmen, denn es ist eine Hilfe im Abschiednehmen und ein Teil der Fürsorge für den Betroffenen selber und die Angehörigen. *„Aber Mutter, für ein Testament ist es doch noch viel zu früh. Dir geht es doch zur Zeit wieder ganz gut."* Beruhigen Sie die Angehörigen, daß seine persönlichen Dinge zu ordnen nicht notwendigerweise bedeutet, nun auch sterben zu wollen. Und unterstützen Sie den Betroffenen in seinen Wünschen. Mit einem sensiblen Gesprächsangebot können Sie vielleicht als Sterbebegleiter vom Betroffenen erfahren, welche Motivation hinter seinem Wunsch steht. Versuchen Sie, ihm Vertrauen und Geborgenheit zu vermitteln, ohne daß Sie ihm sein Handeln auszureden versuchen.

Es gibt unterschiedliche Motivationen, mit dem Ordnen seiner persönlichen Dinge zu beginnen.

- Vorsorge treffen für den Fall einer akuten Verschlechterung;
- Ausdruck von Ängsten durch eine mitgeteilte Diagnose oder durch eine aktuelle gesundheitliche Verschlechterung;
- Fürsorge für die Familie und nahestehende Menschen, Tiere usw. (s. a. Adressen *Testament*);
- Fürsorge für die eigene Person (ärztliche Versorgung, Pflege, Betreuung, Bestattung);
- Fürsorge im Alltag: Umgang mit Verträgen und wirtschaftlichen Werten (z. B. Umschreiben von Mietverträgen, Krediten, Versicherungen, Hausbesitz, Konten und Sparguthaben usw.);

■ ein Teil seiner Persönlichkeit durch persönliche Geschenke und Andenken weitergeben wollen.

Die größten Sorgen machen sich Betroffene, wie Ihre Angehörigen weiterleben können, wenn Sie selber einmal gestorben sind. Nicht nur finanzielle Probleme entstehen, vielmehr auch die soziale und emotionale Fürsorge steht hierbei im Vordergrund. Gerade wenn Elternteile schwer erkrankt sind und ihrem Sterben entgegensehen müssen, sind die Sorgen um ihre Kinder ein wichtiges Thema in der Sterbebegleitung. Oft bestehen die Kontakte zu den Pateneltern der Kinder nur noch sporadisch. Die durch private Interessen oder die Arbeitsmarktsituation bedingte Dezentralisierung von Familien und Freundeskreisen verursacht häufig die Entfremdung zwischen Pateneltern, Eltern und Kindern. Wenn dann ein Elternteil erkrankt, sind es oft eher nahe Freunde im unmittelbaren Lebensumkreis, die sich den Kindern verstärkt zuwenden. Für die betroffenen Eltern ist es sehr wichtig, in dieser Zeit verbindliche Beziehungen zu erleben. So wie man sich auf einen Verwandten, die Großeltern oder auch die Pateneltern verlassen würde, so sind Freunde, die sich jetzt der Kinder verläßlich annehmen, wichtig. Ein Sterbebegleiter kann diese begleitenden Freunde ermutigen, sich als verläßlicher Partner anzubieten. Es gilt hier, dem kranken Elternteil, aber auch dem begleitenden Elternteil zu versichern: *„Ich bin für eure Kinder da. Ihr könnt sie mir anvertrauen, damit ihr für euch Zeit habt. Und damit auch später der trauernde Elternteil nicht alleine dasteht."* Versuchen Sie behutsam, in diese Entscheidungsprozesse die Kinder miteinzubeziehen. Die Zuneigungen von Kindern zu der einen oder anderen Person sollen, soweit es geht, berücksichtigt werden. Günstig ist es auch, den *Paten* frühzeitig in die durch die Krankheit neu entstandene Familiensituation mit einzubeziehen. Motivieren Sie die beteiligten Erwachsenen zu Gesprächen, in denen sie ihre Vorstellungen und Wünsche in bezug auf die Gestaltung des gegenwärtigen und zukünftigen Alltags zu formulieren versuchen. Beziehen Sie immer wieder den erkrankten Elternteil in die Überlegungen mit ein, aber versuchen Sie auch Rücksicht darauf zu nehmen, wenn er auf Grund körperlicher und seelischer Erschöpfung sich aus dem Verantwortungsbereich mehr und mehr herausnimmt. Es wird zum einen für den kranken Elternteil nicht einfach sein zu sehen, wie die Menschen um ihn herum mehr und mehr auch ohne ihn das Leben meistern lernen. Auf der anderen Seite kann gerade daraus für ihn eine zusätzliche Hilfe zur Loslösung entstehen.

In der Sterbebegleitung können wir Betroffene seelisch, aber auch durch die Vermittlung von sachkundiger Information beim Ordnen ihrer persönlichen Dinge unterstützen. Nicht wir als Sterbebegleiter sind die Experten z. B. für Testamentverfassung, aber wir haben die Möglichkeit, den Betroffenen und seine Angehörigen auf Berater aufmerksam zu machen. Oft können auch Hospizvereine Rat geben, bei welchen Stellen in Ihrer Region man welche spezielle Beratung erhält. Unterstützen Sie den Betroffenen, daß er sich mindestens zwei verschiedene Berater anhört, bevor er sich entscheidet. Dies kostet ihn mehr Kraft und Geduld, aber nur so können eventuelle Fehlinformationen und ungünstige Entscheidungen vermieden werden.

Wenn wir unsere persönlichen Dinge zu ordnen beginnen, entdecken wir oft liebgewonnene Gegenstände, die wir gerne anderen Menschen vermachen möchten. Aber auch finanzielle oder materielle Werte wollen wir uns nahestehenden Menschen oder vielleicht auch karitativen Verbänden zukommen lassen. Vom Gesetzgeber ist eine Erbverteilung vorgegeben, wonach dem Lebenspartner und den Kindern ein bestimmter Pflichtteil zusteht. Darüber hinaus aber kann der Betroffene jederzeit ein Testament aufsetzen, in dem er seine Vorstellungen formuliert. Dieses Testament sollte möglichst handschriftlich verfaßt werden und mit Ort, Datum und Unterschrift versehen, an einer auffindbaren Stelle abgelegt werden. Vielleicht mag auch der Betroffene ihm nahestehende Menschen über den Ort, wo das Testament abgelegt ist, informieren.

Wenn der Betroffene nicht in der Lage ist, mit der Hand das Testament zu verfassen, kann dieses auch im Diktat per Maschine geschrieben werden. Orts- und Datumsangabe sowie Unterschrift dürfen nicht fehlen. Diese Angaben sollten durch die Unterschrift von zwei Zeugen bestätigt werden.

Bestehen größere wirtschaftliche Werte oder der Betroffene stellt sich eine außergewöhnliche Verteilung seines Erbes vor, dann ist es von Vorteil, sich durch einen Notar beraten zu lassen und ihm die Aufsetzung des Testamentes zu überlassen. Es ist durchaus auch möglich, daß der Notar einen Hausbesuch macht bzw. den Betroffenen in der Klinik besuchen kommt.

Jeder von uns hat einige sehr persönliche Dinge, die wir unseren ganz *persönlichen Schatz* nennen. Dieser *persönliche Schatz* besteht oft aus Briefen oder den Eintragungen in einem Tagebuch. Da gerade schriftlich niedergelegte Gedanken, wie in Briefen und Tagebüchern, unser ungeschütztes Sein wiedergeben, sollten wir als Sterbebegleiter den Betroffenen auch motivieren darüber nachzudenken, was mit diesen Schriftstücken geschehen soll, wenn er sterben sollte. Diese Gespräche bedürfen eines großen Einfühlungsvermögens, um dem Betroffenen zu zeigen, daß Sie als Sterbebegleiter nicht am Inhalt, wohl aber an dem Schutz der Intimität seiner niedergeschriebenen Gedanken interessiert sind. Machen Sie ihm Mut, in Ruhe darüber nachzudenken, wem er diese Schriftstücke später zum Lesen geben möchte oder ob sie beispielsweise bei seiner Bestattung im Rahmen eines Rituals mit ihm gehen sollen.

Oft mögen Menschen in ihrer letzten Lebensphase ihren Angehörigen, Freunden und Begleitern ein persönliches Andenken als Abschiedsgeschenk und Erinnerung an den gemeinsamen Weg übergeben. Dies können Gegenstände sein, die diese Menschen miteinander verbinden, sie an besondere Momente des Zusammenseins erinnern oder aber auch für den Empfänger einen persönlichen Wert besitzen. Sterbebegleiter kommen manchmal in die Verlegenheit, daß sie ein Geschenk von dem Sterbenden als Dank für ihre Begleitung erhalten. Dieses Geschenk kann einen beträchtlichen finanziellen Wert darstellen oder für die Familie des Betroffenen ein persönliches Andenken bedeuten. Nimmt der Sterbebegleiter ein Geschenk an, so kann es manchmal zu unschönen Auseinandersetzungen mit der Familie um eben dieses Geschenk gehen. Lehnt er das Geschenk ab, so wird er den Schenkenden enttäuschen, ihm die Gelegenheit zum Dank verwehren und die vertrauensvolle Beziehung möglicherweise gefährden. Gute Erfahrungen können wir als Sterbebegleiter jedoch machen, wenn wir statt dessen dem Betroffenen wahrhaftig erklären können, daß bereits die Begegnung mit ihm für uns ein Geschenk ist. Als Erinnerung an Ihrer beider Begegnung würden Sie sich über ein Foto sehr freuen. Wenn er damit einverstanden ist, bitten Sie ihn um ein bereits bestehendes Foto von ihm, oder fragen Sie ihn, ob es ihm recht ist, wenn Sie ihn fotografieren.

Das Ordnen persönlicher Dinge umfaßt auch die Person des Betroffenen selber. Wir können ihn als Kranken- und Sterbebegleiter frühzeitig auf Hilfen hinweisen, die ihn in seiner Fürsorge um sein Leben und Sterben unterstützen. Neben dem Betreuungsrecht und der Patientenverfügung sind es vor allem die ausführlichen Gespräche mit den Angehörigen und ihm nahestehenden Menschen. Informationen durch eben diese Vertrauenspersonen erlauben es dem Arzt, im Notfall dem Willen und den Bedürfnissen des Betroffenen entsprechend zu handeln. (s. Kpt. II *Das Betreuungsrecht* ... und *Die Patientenverfügung* ...)

Gerade ältere Menschen lassen sich frühzeitig in einem Bestattungsunternehmen beraten und entwickeln ihre persönlichen Vorstellungen, wie sie bestattet werden wollen. Viele auch haben bereits einen Vertrag mit einem Unternehmen abgeschlossen, oft aus der Fürsorge ihren Verwandten gegenüber, die sie nicht mit der Zahlung der Bestattung belasten wollen. Familien, die das Sterben als einen Teil des Lebens für sich entdecken konnten, werden in Gesprächen ihre Vorstellungen zusammentragen. Wenn die Trauerfeier und die Bestattung als eine Feierlichkeit eines sehr bedeutsamen Überganges am Ende des Leben eines Menschen erlebt wird, dann werden alle Beteiligten, auch und gerade getragen von ihrer Trauer, diese Feierlichkeit gemeinsam vorbereiten wollen. Es gilt auch hier, sensibel und einfühlsam die Bedürfnisse aller Beteiligter zu erfassen und unterstützen zu helfen. Versuchen Sie, von dem von dem Betroffenen und seiner Familie entwickelten Bild des *Übergangs vom Leben in den Tod* auszugehen, und entwickeln Sie dann gemeinsam mit Ihnen einen Ablauf der Feierlichkeit, in der dieses Thema immer wieder auftaucht und alle Beteiligten (durch Lesungen, Lieder, Musik, usw.) mit eingebunden sind. Ermutigen Sie auch den Pfarrer, der die Trauerfeier begleiten wird, frühzeitig an der Gestaltung mitzuwirken. Wenn es eine kirchlich ungebundene Trauerfeier werden soll, fragen Sie beim Friedhof an, ob ihre Vorstellungen der Trauerfeierlichkeit realisierbar sind. In der Mitgestaltung der Feierlichkeit wird allen Beteiligten erlebbar, daß der Betroffene seinen Körper, aber nicht uns verlassen wird. Er wird mit uns und unter uns an diesen Feierlichkeiten, die auch durch sein Mittun leben, teilnehmen.

Über das Loslassen und das Gelöstsein

Wie in anderen Phasen des Lebens, so nehmen wir auch die Entwicklung des Sterbens in Schüben der Veränderungen wahr. Als Begleiter scheinen uns dann mitunter die Wünsche und Bedürfnisse des Betroffenen überraschend, die sich zunehmend mehr auf das Annehmen des Sterbens ausrichten. Diese nun plötzlich existierende Akzeptanz des Sterbens aber wird oft von den Begleitern seelisch nur schwer verkraftet. Bisher haben wir einen Menschen gepflegt und begleitet, der in lebendiger Unruhe war, nun werden für ihn innere Besinnung und Ruhe vorrangig. Die Ambivalenz, die Doppelwertigkeit des gelebten Sterbens: *Leben wollen, aber auch nach Erlösung im Sterben sich sehnend,* ist in diesem Moment überwunden. Der Sterbende scheint sich von dem Alltag, der Umwelt abzukehren: *Den sterbenden Familienvater interessiert nun plötzlich kaum noch, was in der Familie passiert.* Oder: *Das im Sterben liegende Kind hat das Interesse an den Berichten seiner aus der Schule kommenden Geschwister verloren.* Auch: *Die Großmutter nimmt ihre sie pflegende Tochter kaum noch wahr.* Diese selbstbezogene Besinnung ist ein weiterer und entscheidender Schritt für den Sterbenden, sich von seinem Leben lösen zu können. *Im Tod lassen wir alles zurück.* Es sind Übungen des sich Loslösens aus diesem Leben, die der Sterbende in dieser Zeit vor dem Übergang in den Tod vollzieht. Für die Angehörigen, die Begleiter, scheint es wie eine emotionale Abkehr von ihnen. Das entstandene Desinteresse des Betroffenen an dem Leben um ihn, seine weggedrehte Schulter oder die geschlossenen Augen, sein zugekniffener Mund, sind uns bekannte körpersprachliche Zeichen der Abkehr. Und doch zeigt die Erfahrung in der Begleitung von Sterbenden, daß diese Abkehr für den Sterbenden eine lebens- und *sterbens*notwendige Selbstbezogenheit ist, die letztlich erst eine Loslösung von seiner Umwelt ermöglicht.

In dieser Zeit ist der Begleiter besonders gefordert, sich mit seinen persönlichen Erwartungen an das Leben und das Sterben des Betroffenen auseinanderzusetzen. Als Begleiter sind wir in dieser Situation auf einen guten Gesprächspartner angewiesen, der auch unsere eigenen Erwartungen und Enttäuschungen, unsere Wut, Angst und Trauer annehmen kann.

Es steht uns als Begleiter nicht an, den Lebens- und Sterbeprozeß des Betroffenen zu diskutieren. Gestehen wir ihm zu, daß auch er die Bewegungen und die Ruhephasen seines Lebens, aber auch die Besinnung und die Ruhe in seinem Sterben wahrnehmen und leben möchte. *„Ich kann nicht mehr"* ist nur *ein* Ausdruck von dem Betroffenen, der mit Liebe und Zuneigung, nicht mit Diskussionen und Vorwurf, beantwortet werden möchte.

„Ich kann nicht mehr! Ich will sterben!" Ausdruck von Erschöpfung, Lebensmüdigkeit oder Sehnsucht nach Erlösung? Für uns, oft auch unerwartet, treten Bitten auf, wie *„Ich kann so nicht mehr weiterleben!"* oder *„Mach, daß ich nicht mehr weiterleben muß!"* Es ist wichtig, den Sinn dieser Bitten zu erkennen. Versuchen Sie als Begleiter, ein Gespräch zu diesem Thema nicht zu verschieben, sondern versuchen Sie, dem Betroffenen eine Atmosphäre des Vertrauens zu schaffen, in der er über seine Bedürfnisse und möglichen Ängste sprechen

mag. Oft hat der Betroffene große Sorgen, wie das Sterben im Übergang vom Leben in den Tod für ihn erlebbar wird. Auch ist die Erwartung von möglichen noch auftretenden Schmerzen oder Symptomen, wie beispielsweise akuter Atemnot, oft Grund für eine aktuelle Angst. Aber auch soziale Befürchtungen, wie beispielsweise *„Werde ich sterben können, mich lösen können, wenn meine Ehefrau mich weiter besucht, immer an meinem Bett sitzt?"* können Ursache für den Wunsch nach einem schnellen Tod sein. Als Sterbebegleiter haben wir die Möglichkeit, dem Betroffenen zu zeigen, wie wir ihn schätzen und wie wichtig und wertvoll er als Person bis zum letzten Augenblick seines Lebens ist. Wir können dem Betroffenen versprechen, für ihn da zu sein, auch weiter mit ihm über dieses Thema zu sprechen. Leihen wir ihm unser Ohr, damit er seine Erwartungen an das Sterben, an den Tod, und seine Wünsche für diesen Sterbeprozeß formulieren kann. Bitten Sie ihn um Erlaubnis, ob Sie gemeinsam mit dem Team aus Begleitern, medizinischem und pflegerischem Personal über seine Gedanken sprechen dürfen. Die Behandlung der körperlichen Schmerzen kann möglicherweise noch optimiert werden, und manchmal können dem Patienten durch wiederholte Aufklärungen der medizinischen und pflegerischen Unterstützung im Sterbeprozeß Ängste genommen werden.

Wann dürfen wir als Begleiter es *zulassen*, daß der Betroffene nicht mehr leben will? *„Man darf ihn doch nicht verhungern lassen!"* Als Sterbebegleiter, medizinisches und pflegerisches Personal sollten wir uns fragen: *„Für wen ist es wichtig, daß dieser Mensch weiter ißt?"* Wenn wir als Sterbebegleiter oder die Angehörigen und Freunde den Betroffenen motivieren wollen: *„Komm, iß doch eine Kleinigkeit!"* dann ist es an uns zu schauen, ob wir das Abschiednehmen von diesem Menschen akzeptieren können. Muß der Betroffene für uns weiteressen, da wir ihn noch nicht loslassen können?

Wann darf ein Mensch auf Nahrung und Flüssigkeit verzichten? Sterbende Menschen spüren für sich den richtigen Moment. Oft ist es aber für uns Außenstehende schwer, diesen Moment als Teil der letzten Lebensphase zu akzeptieren, und so geschieht es, daß Sterbende mit Hilfe von Infusionen flüssige Nährstoffe erhalten. Jede invasive Methode, wie z. B. eine möglicherweise schmerzhafte Infusionsnadel im Arm oder in der Hand, ist eine *Manipulation* am Sterbenden und kann den Sterbeprozeß in seinem emotionellen Erleben beeinflussen. Diese Art von Ernährung führt nicht sicher zu einer Gewichtszunahme, kann aber zu Problemen wie zusätzlichem Hirndruck, Wassereinlagerungen, Erbrechen usw. führen. *Lieber einen kleinen Bissen einer Lieblingsspeise im Mund genießen, als gutgemeinte Sonderkost wieder von sich geben müssen.*

Es gilt für uns Begleiter sowie für das medizinische und pflegerische Personal, behutsam zu entscheiden, welche Methode für den Betroffenen eine geeignete Unterstützung in seinem persönlichen Sterben bedeutet. Je flexibler auch Mediziner in ihren Entscheidungen auf die individuellen Bedürfnisse der Betroffenen eingehen können, um so besser können wir dem Sterbenden ein Sterben in seinem Sinne ermöglichen. Es wäre schön, wenn wir als Sterbebegleiter uns trauen würden, nicht nach sogenannten allgemeinen, vorbestimmten Regeln zu handeln, vielmehr dem Betroffenen ins Gesicht zu schauen und vor seinen Bedürfnissen Achtung und Respekt zu haben und zu versuchen, mit Courage und Feingefühl in seinem Sinne zu handeln.

Loslassen heißt *hingeben können*. Kann ich als Begleiter den Betroffenen vom Leben loslassen und ihn dem Sterben und Tod hingeben? Gerade wenn man gemeinsam in der Familie und ganz besonders durch die Zeit der Begleitung eine intensive Beziehung zu dem nun im Sterben liegenden Menschen entwickelt hat, so fällt es schwer, diesen Menschen auch gehen zu lassen. Vielleicht hilft es uns als Begleiter, einmal die letzten Wochen und Monate anzuschauen, den Weg des Betroffenen noch einmal nachzuvollziehen. *Wo beginnt das Loslassen, das Hingeben, das Gehen vom Leben hin zum Sterben und zum Tod?*

Mögliche Schritte des Menschen in seiner letzten Lebensphase

- Die körperlichen, vielleicht auch mentalen Kräfte nehmen schrittweise ab.
- Das Bewegungsumfeld engt sich ein. Verzicht auf Reisen und Spaziergänge. Begrenztes Leben in der Wohnung, dann im Sessel oder Bett. Bedürfnis, die Augen zu schließen und bei sich zu bleiben.
- Zunächst noch für das Gespräch mit anderen offen sein und Interesse für die Eindrücke anderer zeigen. Eindrücke noch von außen an sich herankommenlassen, dann aber von ihnen sich mehr und mehr gestört fühlen und schließlich sie kaum noch wahrnehmend.

Im Betrachten dieser *Lebensschritte im Sterben* erkennen wir als Begleiter, daß uns der Betroffene bereits ein Stück vorausgegangen ist. In der Sterbebegleitung hatten und haben wir das Glück, auf seinem Weg eine Weile an seiner Seite zu sein. Nehmen wir uns jetzt die Zeit und Muße, in aller Ruhe abzuwarten, wie seine nächsten Schritte sein werden, wie weit wir ihm noch folgen können und wo wir ihm eine Hilfe sind und ihn in seinem Loslassen unterstützen können.

Einige Sterbende berichten in den letzten Lebenswochen von nächtlichen Träumen oder auch Visionen im Wachzustand, welche sie auf ein baldiges Sterben vorbereiten. Der *Besuch* von einem *Sensemann* oder anderen Überbringern der Botschaft, daß der Betroffene bald sterben wird, bewirken eher Angst und Unruhe. Symbolische Bilder, wie beispielsweise schwarze Vögel, werden ebenfalls von den Betroffenen oft als Ankündigung eines baldigen Sterbens empfunden. Auch wird manchmal von blühenden, lichtdurchströmten Landschaften oder anderen Orten und Räumlichkeiten berichtet, orientiert an den persönlichen Vorstellungen vom Jenseits der Betroffenen. Oder Sterbende erzählen von Wachträumen, in denen sie vertrauten Verstorbenen begegneten, die sie auf ihr baldiges Sterben vorbereiten. Diese *Begegnungen* werden von den meisten Betroffenen als sehr beruhigend empfunden, da sie sich nach dem Sterben auch im Tod von einem bekannten Menschen liebevoll erwartet wissen.

> *Wir können annehmen, das es ein Wissen gibt,*
> *welches dem Menschen zu Teil wird, das ihm sagt,*
> *jetzt geht es zum Sterben.*

Manchmal gelingt es, sinnlich und besinnlich miteinander Abschied zu nehmen. Wir können dabei Muße und Ruhe entwickeln und zur Besinnung gelangen. Besinnung meint, sich auf ein ruhiges *Laufenlassen* der Gedanken einlassen zu können, beschaulich sich den schönen Erinnerungen hingeben dürfen und den Blick nach vorne, auf den weiteren Weg, richten zu können. Vielleicht ist dies durch ein gemeinsames Abschiednehmen, durch ein Loslassen und *Losgeben*, möglich geworden: *Wir geben den anderen für seinen weiteren Weg los.*

Es gibt Momente unseres Lebens, in denen wir mit all unseren Sinnen das Leben erfahren, seinen Sinn aufspüren und zu einer Klarheit unseres Lebens gelangen. Dies ist nicht in erster Linie ein aktiver Akt unseres Selbst, vielmehr erfahren wir diese Klarheit wie ein Geschenk: Ein Gedanke, der uns *zufliegt*, prägt diesen Moment unseres Lebens. Diesem Gedanken der Klarheit möchten wir dann Zeit und Raum geben. Ihn in Ruhe und Besinnung wahrhaft werden lassen.

Dieser Moment der Klarheit ist Teil unseres Lebens. Manche Menschen erleben diese Momente der Klarheit wiederholt im Leben, andere erinnern sich kaum, jemals einen solchen Moment erlebt zu haben. Es scheint aber, daß gerade in der letzten Phase des Lebens, wo wir Menschen mehr und mehr uns auf unser sinnliches Erleben besinnen dürfen, viele Betroffene diese Momente der Klarheit bewußt erfahren. Oft macht es ihnen angst, denn wir sind in unserem hektischen und von der Ratio beeinflußten Erleben die Besinnung kaum gewöhnt. Als Sterbebegleiter haben wir allein im Zuhören die Möglichkeit, dem Betroffenen hier ein vertrauensvoller Partner zu sein. Es wäre schade, wenn wir das Ereignis *zerreden* würden. Gehen wir behutsam mit dieser Erfahrung des Sterbenden um, und zeigen wir ihm durch unsere Achtung, daß er in diesem Moment etwas ganz Wertvolles erleben durfte.

Der *Gedanke der Klarheit* ist schwer mit Worten zu vermitteln, und so wird er von dem Betroffenen in dem Kontext auszudrücken versucht, wie er auch seine wirkliche und spirituelle Umwelt erlebt. *„Mir wurde von einem Engel gesagt, ich werde jetzt sterben."* Oder: *„Ich habe ein helles Licht gesehen, und eine Stimme sprach zu mir, daß es jetzt soweit ist."*

Gerade aber weil unsere Worte nicht auszureichen scheinen für diesen klaren Gedanken der Besinnung auf den Moment des Sterbens, vermitteln sich Sterbende auch auf andere Weisen:

- nachdrückliche Bitte um den Besuch eines besonderen Menschen (Partner, Kinder, usw.);
- Bitte an die Begleiter um Verlassen des Raumes (als hilfreiche räumliche Trennung);
- nachdrückliches verbales Sich-Verabschieden (ggf. eine letzte Notiz);
- körperliche Kräfte werden für einen Abschied noch einmal mobilisiert;
- erneutes *Aufwachen* aus einem komatösen Zustand;
- Muskelanspannung (Augenbewegung, Handbewegung, usw.) eines komatösen Sterbenden.

Selbst wenn kein Mensch um die Betroffenen ist, versuchen manche Sterbende in einer kleinen Notiz, wie beispielsweise *„Ich danke euch für alles"* sich vom Leben und den ihnen nahen Menschen noch zu verabschieden.

Für den Betroffenen bedeutet Sterben das Bewußtsein:
„Ich sterbe jetzt."

Wir als Begleiter können mitunter eine Reihe von Anzeichen erkennen, die ein unmittelbar bevorstehendes Sterben ankündigen. Einige dieser Anzeichen können zum Teil auch Symptome einer Erkrankung sein, und manche Sterbende verabschieden sich auch, ohne zuvor eines dieser Anzeichen entwickelt zu haben.

Mögliche körperliche Entwicklung zum Sterben hin

- Nahrung und Flüssigkeit wird nicht mehr vom Körper resorbiert. Der Betroffene verspürt kein Bedürfnis nach Nahrung. Er verschließt den Mund, verweigert die Nahrungsaufnahme. Er verspürt möglicherweise Durst, hat aber Schwierigkeiten beim Schlucken.

- Eingefallene Wangen, mitunter dunkelbraune Flecken auf den Zähnen und eine spitzer werdende Nase fallen auf.

- Äußere Körperpartien, Arme und Beine, können kalt werden, während der Rumpf in der Regel warm bleibt. Der Betroffene selber empfindet seinen Körper jedoch als warm, oft auch als überhitzt. Er hat dann das Bedürfnis, die Decke aufzudecken, sich von Kleidung und Überdecke zu befreien. Als Begleiter sollten wir keine Angst vor einer Erkältung haben. Es gilt hier, unbedingt dem Bedürfnis des Sterbenden nachzugeben.

- Verlust der Kontrolle der körpereigenen Flüssigkeit. Spontane Blasen- und Darmentleerung.

- Der Atem wird schwächer, das Einatmen wird kürzer, und das Ausatmen wird länger. Der Sterbende atmet oft sehr flach und im oberen Bereich des Brustkorbes. Das Atemgeräusch kann rasseln, muß aber nicht, oder kann auch ganz leise sein.

Wenn wir uns allein auf diese Anzeichen berufen wollten und gegenüber anderen – oder noch schlimmer, dem Betroffenen gegenüber – äußern: *„Jetzt geht's zum Sterben, weil diese bestimmten Anzeichen erschienen sind"*, dann wäre dieses nicht nur emotionell für den Sterbe- und Trauerprozeß sehr belastend, sondern auch voreilig, denn kein Mensch wird wissen können, wann ein anderer Mensch sterben wird. Die aufgeführten Anzeichen sind alleine Hinweise, gesammelt von den Erfahrungen vieler Menschen, welche andere in ihrem Sterben begleiten durften. Diese Anzeichen zeigen nur das körperliche Leben auf. Die geistigen, seelischen und spirituellen Kräfte können hierdurch nicht erfaßt werden. Diese Reihe von Anzeichen aber kann uns als Begleiter darauf vorbereiten, daß sich das, wonach wir uns augenscheinlich orientieren, der Körper des Sterbenden, verändern wird. Und wenn wir auf diese Veränderungen vorbereitet sind, dann können wir vielleicht ohne Schrecken und Sorge diesen Körper gehen lassen und verstärkt unsere Gedanken und Wünsche auf den Menschen im Ganzen richten. In dieser Phase des Sterbens werden wir als Begleiter des Sterbenden oft *nur* bei ihm sitzen, für ihn da sein, vielleicht einmal seine Hand halten und versuchen, ihm eine gute Atmosphäre zu schaffen. Respektieren Sie die Bedürfnisse des Betroffenen, ob er jetzt noch gewaschen werden, noch essen oder trinken möchte. Es ist ganz wichtig, ihn jetzt in seinem Loslösungsprozeß nicht mehr zu stören. Neben der Begleitung des Betroffenen wird in dieser Phase es noch einmal besonders wichtig, auch die anderen Familienmitglieder in den Loslösungsprozeß miteinzubeziehen, sie auf den bevorstehenden Abschied vorzubereiten, ihnen die Möglichkeit des Abschiednehmens aufzuzeigen. Versuchen Sie als Sterbebegleiter, dem Betroffenen einen Raum der Ruhe zu geben und den Angehörigen und Freunden daneben einen eigenen Raum, wo sie zusammentreffen und reden können. Oft ist es besser, wenn der Betroffene in dieser Phase nicht zu viele Besuche bekommt, vielmehr sich ganz auf sich und seinen Weg besinnen darf. Aber natürlich gibt es auch Betroffene, die gerade gerne bis zum letzten Atemzug *im Leben* stehen wollen und kein Bedürfnis nach Zurückgezogenheit haben. Wie immer gilt, die Bedürfnisse des Betroffenen herauszufinden und so gut es geht zu befriedigen.

Stilles Gespräch mit einem Sterbenden

*Ich möchte bis zum letzten Augenblick
dir gegenüber meinen Respekt zeigen
und dir deine Würde lassen.
Das heißt, ich würde dir gerne
die Möglichkeit geben,
wenn du es wünschst*

und es sich verwirklichen läßt,
in vertrauter Umgebung zu sterben.

Ich würde gerne dir in Momenten
des Zorns, der Angst,
der Traurigkeit und
der Verzweiflung beistehen.
Und dich auf dem Weg
zu deinem persönlichen Frieden
begleiten.

Ich sehe die Trauer in deinen Augen,
in der du dich vom Leben verabschieden mußt.
Aber ich kann auch eine Vorfreude erkennen,
die sich nach Erlösung sehnt
und einem neuen Weg vorauseilt.

Meine Trauer
um den nahen Verlust um dich
ist überwältigend,
denn du gehst
und ich bleibe zurück.
Ich möchte dich aufhalten,
noch vieles mit dir gemeinsam erleben.

Aber wenn du gehen mußt,
möchte ich dich
nicht ohne Abschied gehen lassen.
Darum werde ich Ja sagen
zu dem Weg, der vor dir liegt.

Ich versuche von der Trauer
über unsere bevorstehende Trennung zu sprechen.
Aber besonders oft möchte ich mit dir
über die schönen Erinnerungen,
die unseren gemeinsamen Weg begleiteten,
plaudern.

Und auch dich in jene Pläne,
die meine Zukunft bedeuten können,
mit einbeziehen.
Denn nur so wirst du meine Bemühungen
um eine Loslösung wahrhaftig erleben.

Ich möchte versuchen,
dich
für deinen persönlichen Weg
freizugeben.

Es wird Momente geben, in denen wir nur
auf unsere Gedanken vertrauen können.
Du bist mir ein wenig vorausgeeilt,
und auf diese Entfernung können wir uns
mit Wörtern, Augen und Händen
nicht mehr verständigen.

Vielleicht erkenne ich einige Zeichen,
die du mir mit Hilfe deines Körpers signalisierst.
Ich möchte versuchen,
mich ganz auf dich und uns einzustellen,
um so deine Wünsche und Bedürfnisse
erfassen zu können.
Laß mich erkennen,
ob ich dir zu nahe trete,
ob du meine Hand gerne spürst.
Sende mir einen Gedanken,
ob ich dir mehr Raum geben soll
und wie ich dich weiter begleiten darf.

Immer weiter entfernst du dich
und mein Gang ist zu erdverbunden,
um mit dir Schritt halten zu können.
Noch sehe ich dich,
auch wenn dein Blick bereits
nach vorne gerichtet scheint.

Ich versuche für deinen Körper zu sorgen
und ahne schon,
daß du ihn bald zurückläßt.

Ich möchte auch deinen Geist und deine Seele
auf ihrem Weg unterstützen
und hoffe auf deine Zeichen.
Hoffe, daß das, was dir im Leben lieb war,
auch jetzt dir hilft, mit Geist und Seele
deinen Weg zu gehen.
Die Musik, die spielt,
die Texte, die ich dir vorlese,
die Hände und die Stimme, die dich berühren,
mögen dir Kraft und Ruhe geben.

Ich möchte mir meine Hoffnung
und meine Phantasie
bewahren, die mir hilft,
den Übergang von Leben in den Tod
als Prozeß zu empfinden.

Auch wenn du bereits mir vorausgeeilt bist
und ich auf dem Lebensweg zurückbleibe,
so kann ich doch annehmen,
daß du unsere Umgebung
für eine Zeit noch wahrnimmst.
Du schweigst, kannst aber doch hören.
Deine Augen scheinen gebrochen,
werden aber doch weiter sehen.

Ich möchte auch weiterhin
dir in meinen Gedanken,
durch meine Worten
und in meinem Verhalten
mit Respekt und Zuneigung begegnen.

Literaturverzeichnis

Fachbücher zur Sterbebegleitung
Albrecht, E.; Orth, Chr.; Schmidt, H.: Hospizpraxis, Ein Leitfaden für Menschen, die Sterbenden helfen wollen, Herder Verlag.
Dobrick, B. Wenn die alten Eltern sterben, Das endgültige Ende der Kindheit, Kreuz-Verlag.
Duda, D.: Für Dich da sein wenn Du stirbst, Irisiana Verlag.
Felder, L.: Da sein, wenn wir gebraucht werden, Hilfen für Schwerkranke und ihre Angehörigen, Herder Verlag.
Grotenhermen, F.; Huppertz, R.: Hanf als Medizin, Wiederentdeckung einer Heilpflanze, HAUG-Verlag.
Kast, V.: Sich einlassen und loslassen, Neue Lebensmöglichkeiten bei Trauer und Trennung, Herder Verlag.
Kübler-Ross, E.: Über den Tod und das Leben danach, Verlag Die Silberschnur.
Otterstedt, C.: Abschied im Alltag, iudicium Verlag.
Saunders, C.: Hospiz und Begleitung im Schmerz, u. a. Begleitung von verwirrten Mitmenschen, Herder Verlag.
Tausch-Flammer, D.; Bickel, L.: Wenn ein Mensch gestorben ist – wie gehen wir mit dem Toten um?, Herder.

Bücher speziell für trauernde Eltern
Janssen, M.: Laß mich weinen. Ein Vater trauert um seine Tochter, Vandenhoeck & Ruprecht.
Schiff, H.S.: Verwaiste Eltern, mit einem Nachwort von J.Chr. Student, dtv.
Student, J.Chr.: Im Himmel welken keine Blumen, Kinder begegnen dem Tod, Herder Verlag.
Wolterstorff, N.: Klage um einen Sohn. Vandenhoeck & Ruprecht.

Bücher für Erwachsene, die Kinder begleiten
Brocher, T.: Wenn Kinder trauern, Wie Eltern helfen können, Rowohlt.
„Helft Kindern, den Tod zu begreifen", Broschüre zu beziehen über den Fachverband für das deutsche Bestattungsgewerbe, Schirmerstr. 76, 40545 Düsseldorf.
Leist, M.: Kinder begegnen dem Tod, Gütersloher Verlagshaus.

Tausch-Flammer, D.; Bickel, L.: Wenn Kinder nach dem Sterben fragen, Herder.

Bilder/Bücher für Kinder (ab 5 Jahren)
McCardie, A.; Crossand, C.: Mach's gut kleiner Frosch, Sankt Gabriel Verlag.
Olbrich, H.; Leson, A.: Abschied von Tante Sofia, Verlag Ernst Kaufmann.
Varley, S.: Leb wohl, lieber Dachs, Annette Betz Verlag.
Sommer-Bodenburg, A.; The Tjong Khing: Julia bei den Lebenslichtern, C. Bertelsmann Verlag.

Bücher für Kinder (ab 10 Jahren)
Broekhoven, D.: Aufwiedersehen Vogelkind, Wittig Verlag.
Donelly, E.: Servus Opa, sagte ich leise, dtv.
Zeevaert, S.: Max, mein Bruder, Arena Verlag.

Themenbezogene Romane, Texte zum VorLesen und zur Meditation
Beauvoir, S. de: Ein sanfter Tod, Rowohlt.
Beattie, M.: Kraft zum Loslassen, Heyne Verlag.
Craven, M.: Ich hörte die Eule, sie rief meinen Namen, Rowohlt.
Daiker, A.; Lesny, U.; Schäfer, H.: Nicht alleingelassen, Deutsche Bibelgesellschaft.
Hesse, H.: Siddhartha, Suhrkamp.
Heyduck-Huth, H.: Mandalas zum Weitermalen, Zehn Bildanregungen, Verlag Ernst Kaufmann.
Hilton, J.: Der verlorene Horizont, dtv.
Jeromin, K.; Wisenfeld, A.: Der Herr behüte dich, Deutsche Bibelgesellschaft.
Kornfield, J.; Feldman, C.: Geschichten, die der Seele gut tun, Herder Verlag.
Mello, A. de: Zeiten des Glücks, Herder Verlag.
Shah, I.: Die fabelhaften Heldentaten des vollendeten Narren und Meisters Mulla Nasrudin, Herder Verlag.
Sperl, I.: Ein Horizont der Hoffnung, Hilfen auf dem Weg der Trauer, Deutsche Bibelgesellschaft.

Zitierte Quellen
Kast, V. (1982): Trauern, Berlin.
Kübler-Ross, E. (1987[14]): Interviews mit Sterbenden, Gütersloh.
Schwartzenberg, L./ Viansson-Ponté, P.(1982): Den Tod verändern, Frankfurt a.M., S. 197.

Informationsteil mit Adressen

Schmerztherapie
Bundesverband Deutsche Schmerzhilfe e.V., Woldsenweg 3, 20249
   Hamburg

Arbeitsgemeinschaft Cannabis als Medizin, Thielstr. 35, 50354 Hürth

Pflege
<u>Ambulante Pflegedienste</u> werden von verschiedenen Trägern, wie bei-
spielsweise der *Johanniter Hilfe*, *Caritasverband* und *Rotes Kreuz*
oder den Nachbarschaftshilfen und Alten- und Servicezentren, aber
auch privaten Pflegediensten angeboten. Pflegeausbildungsstätten,
Sozialstationen oder auch Krankenkassen können über Qualität und
Professionalität Auskunft geben. Umfangreiche und differenzierte
Informationen sowie Antrag für Leistungen der <u>Pflegeversicherung</u>
können direkt bei den Krankenkassen erbeten werden. <u>Kurse für
pflegende Angehörige</u> gibt es bei den Krankenkassen und den freien
Trägern (s. o.).

Musik- und Kunsttherapie
Deutsche Gesellschaft f. künstlerische Therapieformen u. Therapie
mit kreativen Medien, Kühlwetterstr. 49, 40239 Düsseldorf (auch
Adr. für Österreich und Schweiz)

Deutsche Gesellschaft für Musiktherapie, Postfach 100738, 6800
Mannheim 1

Hospizvereine
<u>Deutschland</u>
Internationale Gesellschaft zur Sterbebegleitung
und Lebensbeistand (IGSL) e.V., Im Rheinblick 16, 55411 Bingen am
Rhein
(versendet auch Schriften zu Themen rund um die Sterbebegleitung)

Deutsche Hospiz Stiftung, Hohle Eiche 29, 44229 Dortmund

Kinderhospizverein, Kupferweg 6, 57462 Olpe

Österreich
Hospiz-Station St. Raphael, Dornbacher Str. 20-28, 1170 Wien

Schweiz
Fach- und Beratungsstelle für Angehörige Kranker, Sterbender und Verstorbener, Zielstr. 5, 8400 Winterthur

Interessensverbände
Nationale Kontakt- und Informationsstelle zur Anregung und Unterstützung von Selbsthilfegruppen (NAKOS), vermittelt Adressen von regionalen Selbsthilfezentren, Albrecht-Achilles-Str. 65, 10709 Berlin

Deutsche AIDS-Hilfe e.V., Dieffenbachstr. 33, 10967 Berlin

Deutsche Krebshilfe, Thomas-Mann-Str. 40, 53111 Bonn

Verwaiste Eltern in Deutschland, Esplanade 15, 20354 Hamburg

Betreuungsrecht und Patientenverfügung
Broschüre „Das neue Betreuungsrecht", Bundesministerium der Justiz, 53170 Bonn

Medizinische Patientenverfügung und Betreuungsauftrag über die Deutsche Hospiz Stiftung (Adr. s.o.)

„Willenserklärung für lebensbedrohliche Situationen", IGSL (Adr. s.o.)

Christliche Patientenverfügungen, Presseverband der Evangelischen Kirche
gwd Hans Venus GmbH, Birkerstr. 22, 80636 München

Testament
Die Broschüre *„Ihr Vermächtnis für einen guten Zweck – Ratgeber zu den Themen Testament und Vermächtnis"*, Stiftung Deutsche Schlaganfall-Hilfe
Postfach 104, 33311 Gütersloh

Begleitung in der Trauerzeit,
in Einzelgesprächen oder kleinen Gruppen, finden Sie in Ihrem Umkreis in Zusammenarbeit mit Hospiz-Gruppen, kirchlichen Gemeinden, Sozialverbänden, aber auch innerhalb von Interessensverbänden und Selbsthilfegruppen (s.o.)

Weitere Adressen
für eine spezielle Begleitung erfahren Sie z.B. auch bei den Sozialstationen und der Krankenhausseelsorge in den Kliniken an Ihrem Heimatort.